La PASIÓN DE JESUCRISTO

CINCUENTA RAZONES POR LAS QUE
CRISTO VINO A MORIR

JOHN PIPER

Publicado por
Editorial Unilit
Miami, Fl. 33172
Derechos reservados.

Primera edición 2004
© 2004 Editorial Unilit
Esta edición publicada con permiso de Good News Publishers.
(This edition published by arrangement with Good News Publishers.)

Originalmente publicado en inglés con el título:
The Passion of Jesus Christ
Copyright © 2004 por Desiring God Foundation
Publicado por Crossway Books,
una división de Good News Publishers, Wheaton, Illinois 60187, EE.UU.
Todos los derechos reservados.

Originally published in English as:
The Passion of Jesus Christ
Copyright © 2004 by Desiring God Foundation
Published by Crossway Books,
a division of Good News Publishers, Wheaton, Illinois 60187, U.S.A.
All rights reserved.

Traducción: *Guillermo Cabrera Leiva*
Edición: *Rojas & Rojas Editores, Inc.*
Fotografías de la cubierta por: *Photonica*
Diseño de la cubierta: Josh Dennis

Las citas bíblicas se tomaron de la Santa Biblia, Versión Reina Valera 1960 © Sociedades Bíblicas Unidas; *La Santa Biblia, Nueva Versión Internacional* © 1999 Sociedad Bíblica Internacional. *Dios Habla Hoy* © 1966 Sociedades Bíblicas Unidas. Usadas con permiso.

Producto 496782
ISBN 0-7899-1252-X

Impreso en Colombia
Printed in Colombia

La
PASIÓN
DE
JESUCRISTO

A

Jesucristo

Despreciado y desechado entre los hombres,
varón de dolores, experimentado en quebranto …
y nosotros le tuvimos por azotado, por herido de Dios y abatido.
Mas él herido fue por nuestras rebeliones,
molido por nuestros pecados;
el castigo de nuestra paz fue sobre él,
y por su llaga fuimos nosotros curados.

Todos nosotros nos descarriamos como ovejas,
cada cual se apartó por su camino;
mas Jehová cargó en él el pecado de todos nosotros.

Angustiado él, y afligido,
no abrió su boca;
como cordero fue llevado al matadero;
y como oveja delante de sus trasquiladores,
enmudeció, y no abrió su boca.

Porque fue cortado de la tierra de los vivientes,
y por la rebelión de mi pueblo fue herido.
[No] hubo engaño en su boca.
Con todo eso, Jehová quiso quebrantarlo,
sujetándole a padecimiento.

EL PROFETA ISAÍAS
CAPÍTULO 53, VERSÍCULOS 3-10

Contenido

EL CRISTO, LA CRUCIFIXIÓN, Y LOS CAMPOS DE CONCENTRACIÓN

La pregunta más importante del siglo veintiuno es: ¿Por qué sufrió tanto Jesucristo? Pero nunca veremos esta importancia si dejamos de ir más allá de la causa humana. La respuesta final a la pregunta, ¿Quién crucificó a Jesús? es: Dios. Esta es una idea asombrosa. Jesús era su Hijo. Y el sufrimiento era insuperable. Pero todo el mensaje de la Biblia lleva a esta conclusión.

DIOS LO ENCAMINÓ A BIEN

El profeta hebreo Isaías dijo, «Fue la voluntad del SEÑOR quebrantarlo, sujetándolo a padecimientos» (Isaías 53:10). El Nuevo Testamento cristiano dice, «[Dios] no escatimó ni a su propio hijo, sino que lo entregó por todos nosotros» (Romanos 8:32). «Dios lo puso [a Cristo] como propiciación. . . por su sangre, para ser recibido por fe» (Romanos 3:25).

Pero ¿cómo se relaciona este acto divino con las horribles acciones pecaminosas de los hombres que mataron a Jesús? La respuesta que se da en la Biblia queda expresada en una antigua oración: «Se unieron en esta ciudad contra tu santo hijo Jesús… Herodes y Poncio Pilato, con los gentiles y el pueblo de Israel, para hacer cuanto tu mano y tu consejo habían antes determinado que sucediera» (Hechos 4:27-28). La profundidad y el alcance de esta divina soberanía nos dejan sin respiración. Pero es también la clave de nuestra salvación. Dios la planificó, y por intermedio de hombres malvados, gran bien ha venido al mundo. Para parafrasear un pasaje de la Tora judía: Lo que ellos hicieron con malas intenciones, Dios lo hizo con buenas intenciones (Génesis 50:20).

Y puesto que Dios lo hizo con buenas intenciones, debemos pasar más allá de la cuestión de la causa humana al propósito divino. El tema central de la muerte de Jesús no es la causa, sino el propósito –el significado. El hombre puede tener sus razones para quitar a Jesús del camino. Pero solo Dios puede concebir esto para bien del mundo. En realidad, los propósitos de Dios para el mundo en la muerte de Jesús son insondables. Yo estoy arañando la superficie en este pequeño libro al presentarle cincuenta de ellos. Mi objetivo es dejar que la Biblia hable. Aquí es donde nosotros oímos la palabra de Dios. Espero que estos indicadores le inicien en una interminable búsqueda para saber más y *más* de los grandes designios de Dios en la muerte de su Hijo.

¿QUÉ SIGNIFICA LA PALABRA *PASIÓN*?

Asociamos por lo menos cuatro cosas con la palabra *pasión*: deseo sexual, celo por una tarea, un oratorio de J.S. Bach, y el sufrimiento de Jesucristo. Viene de una palabra del latín que significa *sufrimiento*. Este es el sentido en que la estoy usando aquí: el sufrimiento y muerte de Jesucristo. Pero ésta se refiere a todas las otras pasiones también. Ella profundiza el sexo, inspira la música, y expone la causa más grande en el mundo.

¿EN QUÉ SENTIDO FUE ÚNICA LA PASIÓN DE JESÚS?

¿Por qué el sufrimiento y la ejecución de un hombre que fue convicto y condenado como pretendiente al trono de Roma desató, en los tres siglos siguientes, un poder para sufrir y para amar que transformó el Imperio Romano, y hasta hoy está moldeando al mundo? La respuesta es que la pasión de Jesús fue absolutamente única, y su resurrección de la muerte tres días después fue un acto de Dios para vindicar lo que su muerte logró.

Su pasión fue única porque Él era algo más que un mero hombre. No menos. Era, como dice el antiguo Credo Niceno, «verdadero Dios de verdadero Dios». Este es el testimonio de aquellos que lo conocieron y fueron inspirados por Él para explicar quién es Él. El apóstol Juan se refería a Cristo como «el Verbo» y escribió «En el principio era el Verbo, y el Verbo era con Dios, y el Verbo era Dios. Él estaba en el principio con Dios. Todas las cosas por él fueron hechas y sin él nada de lo que ha sido hecho, fue hecho … Y aquel Verbo se hizo carne y habitó entre nosotros, y vimos su gloria, gloria como del unigénito del Padre, lleno de gracia y de verdad» (Juan 1:1-3, 14).

Entonces añádase a su deidad que Él era totalmente inocente en su sufrimiento. No solo inocente de la acusación de blasfemia, sino de todo pecado. Uno de sus más cercanos discípulos dijo: «el cual no hizo pecado, ni se halló engaño en su boca» (1 Pedro 2:22). Entonces añádase a esta peculiaridad que Él abrazó su propia muerte con autoridad absoluta. Una de las más asombrosas declaraciones que jamás hizo Jesús fue acerca de su propia muerte y resurrección: «…Yo pongo mi vida para volverla a tomar. Nadie me la quita, sino que yo de mí mismo la pongo. Tengo poder para ponerla, y tengo poder para volverla a tomar. Este mandamiento recibí de mi Padre» (Juan 10:17-18). La controversia sobre quién mató a Jesús es marginal. El *escogió* morir. Su Padre lo ordenó. Él lo acató.

Su pasión fue vindicada por su resurrección

Debido a esta pasión sin paralelo, Dios levantó a Jesús de entre los muertos. Sucedió tres días después. El domingo temprano en la mañana Él se levantó de la muerte. Apareció numerosas veces a sus discípulos por cuarenta días antes de su ascensión al cielo (Hechos 1:3).

Los discípulos fueron tardíos para creer que esto realmente ocurrió. Ellos no eran crédulos primitivos. Eran sensatos comerciantes. Sabían que la gente no resucitaba. En un momento Jesús insistió en comer pescado para probarles que Él no era un fantasma (Lucas 24:39-43). Esta no era la resucitación de un cadáver. Era la resurrección del Dios-Hombre, en una indestructible nueva vida. La iglesia primitiva lo aclamó Señor del cielo y de la tierra. Dijeron: «…habiendo efectuado la purificación de nuestros pecados, se sentó a la diestra de la Majestad en las alturas» (Hebreos 1:3). Jesús había terminado la labor que Dios le encomendó, y la resurrección fue la prueba de que Dios estaba satisfecho. Este libro es sobre lo que la pasión de Jesús logró para el mundo.

LA PASIÓN DE CRISTO Y LA PASIÓN DE AUSCHWITZ

Es una tragedia que la historia de la pasión de Cristo haya producido antisemitismo contra los judíos y violencia como de cruzada contra los musulmanes. Nosotros los cristianos estamos avergonzados de muchos de nuestros antepasados que no actuaron en el espíritu de Cristo. No hay duda que existen trazas de esta plaga en nuestras propias almas. Pero el verdadero cristianismo —que es radicalmente diferente de la cultura de Occidente, y puede que no se le encuentre en muchas iglesias cristianas— renuncia al avance de la religión por medio de la violencia. «Mi reino no es de este mundo», dijo Jesús. «Si mi reino fuera de este mundo, mis seguidores pelearían por mí» (Juan 18:36). La vía de la cruz es la vía del sufrimiento. Los cristianos están llamados a morir, no a matar, a fin de mostrar al mundo cómo son amados por Cristo.

Hoy este amor humilde y osadamente exalta a Cristo, no importa cuánto cueste, ante todos los pueblos como la única vía de llegar a Dios para alcanzar salvación. «Jesús le dijo: Yo soy el camino, y la verdad, y la vida; nadie viene al Padre, sino por mí» (Juan 14:6). Pero dejemos bien claro: No es cristiano humillar o burlarse, o despreciar o perseguir, con orgullosa marginación, o con matanzas, o cruzadas o campos de concentración. Esto fue y sigue siendo, muy simple y horriblemente, desobediencia a Jesucristo. A diferencia de muchos de sus seguidores, el Señor oró desde la cruz, «Padre, perdónalos, porque no saben lo que hacen» (Lucas 23:34).

La pasión de Jesucristo es el evento más importante de la historia, y el tema político y personal más explosivo del siglo veintiuno. Negar que Cristo fuera crucificado es como negar el Holocausto. Para algunos esto es simplemente demasiado horripilante para afirmarlo. Para otros es una elaborada conspiración para forzar la compasión religiosa. Pero los que lo niegan viven en un mundo de sueños histórico. Jesucristo sufrió indescriptiblemente y murió. Y también los judíos.

Yo no soy el primero en vincular el Calvario con los campos de concentración: el sufrimiento de Jesucristo y el sufrimiento del pueblo judío. En su aplastante, descorazonador y desconcertante libro, *Night*, Elie Wiesel habla de su experiencia como un adolescente con su padre en los campos de concentración de Auschwitz, Buna y Buchenwald. Había siempre la amenaza de «la selección». cuando sacaban a los débiles para matarlos y quemarlos en los hornos,

En un momento —y solo uno— Wiesel vincula el Calvario con los campos. Habla de un viejo rabino, Akiba Dumer.

Akiba Dumer nos dejó, víctima de la selección. Últimamente, había deambulado entre nosotros, con sus ojos vidriosos, hablándole a cada uno de su debilidad: «No puedo seguir... Todo ha terminado...» Era imposible levantar su moral. No oía lo que le decíamos. Sólo repetía que todo había terminado para él, que no podía sostener más la lucha, que no le quedaban fuerzas ni fe. Súbitamente los ojos se le quedaban en blanco, nada sino dos heridas abiertas, dos pozos de terror.[1]

Entonces Wiesel hace este provocativo comentario: «Pobre Akiba Dumer, si él pudiera haberse ido creyendo en Dios, si él pudiera haber visto una prueba de Dios en este Calvario, no habría sido tomado por la selección».[2] No presumiré de poner ninguna palabra en boca de Elie Wiesel. No estoy seguro de lo que él quería decir. Pero obliga a preguntar: ¿Por qué el vínculo entre el Calvario y el campo de concentración?

Cuando hago esta pregunta, no estoy pensando en la causa o culpa, estoy pensando en el significado y la esperanza. ¿Existe una manera en que el sufrimiento judío pueda encontrar, no su causa, sino su significado final en el sufrimiento de Jesucristo? ¿Es posible pensar, no que la pasión de Cristo conduzca a Auschwitz, sino que Auschwitz conduzca a un entendimiento de la pasión de Cristo? ¿Es el vínculo entre el Calvario y el campo un vínculo de insondable empatía? Quizás solo Jesús al final pueda saber lo que pasó durante «la larga noche»[3] de sufrimiento judío. Y quizás una generación de judíos, cuyos abuelos soportaron su propia nociva crucifixión, sean capaces, como ninguno otro, de captar lo que le sucedió al Hijo de Dios en el Calvario. Yo dejo esto como una pregunta. Yo no sé.

Pero esto yo sé: Aquellos ostensibles «cristianos» que construyeron los campos nunca conocieron el amor que movió a Jesucristo hacia el Calvario. Nunca conocieron al Cristo, quien en lugar de matar para salvar una cultura, murió para salvar al mundo. Pero hay algunos cristianos —verdaderos cristianos— que han visto el significado de la pasión de Jesucristo, y se han sentido quebrantados y humillados por su sufrimiento. ¿Podría ser que estos, quizás mejor que muchos, puedan ser capaces de ver y, por fin, comenzar a desentrañar el sufrimiento del pueblo judío?

¡Qué ironía que los cristianos hayan sido antisemitas! Jesús y todos sus primeros seguidores eran judíos. Personas de todos los grupos en Palestina participaron en su crucifixión (no solo judíos), y personas de cada grupo se opusieron a ello (inclusive judíos). Dios mismo era el principal Actor en la muerte de su Hijo, de modo que la principal pregunta no es, ¿cuáles personas promovieron la muerte de Jesús? Sino, ¿produjo la muerte de Jesús para los humanos —inclusive judíos y musulmanes y budistas e indúes y seculares no religiosos— y todas las personas en todas partes?

A fin de cuentas, la pregunta más crucial es: ¿Por qué? ¿Por qué Cristo sufrió y murió? No en el sentido de causa sino en el sentido de propósito. ¿Qué logró Cristo con su pasión? ¿Por qué tenemos que sufrir tanto? ¿Qué gran cosa estaba pasando en el Calvario para el mundo?

Esto es a lo que se refiere el resto de este libro. He recogido del Nuevo Testamento cincuenta razones por las que Cristo sufrió y murió. No cincuenta causas, sino cincuenta propósitos. Infinitamente más importantes que quién mató a Jesús es la pregunta: *¿Qué logró Dios para los pecadores como nosotros al enviar a su Hijo a morir?* A eso nos referiremos ahora.

CINCUENTA RAZONES POR LAS QUE CRISTO SUFRIÓ Y MURIÓ

PARA ABSORBER LA IRA DE DIOS

Cristo nos redimió de la maldición de la ley, hecho por nosotros maldición
(porque está escrito: Maldito todo el que es colgado en un madero).
Gálatas 3:13

Dios puso [a Cristo] como propiciación por medio de la fe en su sangre,
para manifestar su justicia, a causa de haber pasado por alto,
en su paciencia, los pecados pasados.
Romanos 3:25

En esto consiste el amor: no en que nosotros hayamos amado a Dios, sino en que
él nos amó a nosotros, y envió a su Hijo en propiciación por nuestros pecados.
1 Juan 4:10

Si Dios no fuera *justo*, no hubiera habido *demanda* que su Hijo sufriera y muriera. Y si Dios no fuera *amoroso*, no hubiera habido *disposición* para que su Hijo sufriera y muriera. Pero Dios es tanto justo como amoroso. Por consiguiente su amor está dispuesto a satisfacer las demandas de la justicia.

La ley de Dios demandaba: «Y amarás a Jehová tu Dios de todo tu corazón, y de toda tu alma, y con todas tus fuerzas» (Deuteronomio 6:5). Pero todos hemos amado otras cosas más. Esto es lo que es el pecado: deshonrar a Dios prefiriendo otras cosas antes que a Él, y actuar conforme a esas preferencias. Por consiguiente, la Biblia dice: «Por cuanto todos pecaron, y están destituidos de la gloria de Dios» (Romanos 3:23). Glorificamos lo que más disfrutamos. Y eso no es Dios.

Por lo tanto, el pecado no es algo pequeño, porque no es contra un Soberano pequeño. La seriedad de un insulto aumenta según la dignidad del insultado. El Creador del universo es infinitamente digno de respeto y admiración y lealtad. Por consiguiente, dejar de amarlo no es cosa trivial: es traición. Esto difama a Dios y destruye la felicidad humana.

Puesto que Dios es justo, no esconde estos crímenes bajo la alfombra del universo. Siente una ira santa contra ellos. Merecen ser castigados, y Él ha dejado esto bien claro: «Porque la paga del pecado es muerte» (Romanos 6:23). «El alma que pecare, esa morirá» (Ezequiel 18:4).

Hay una maldición santa que pende sobre todo pecado. No castigar sería injusto. Sería aceptar la degradación de Dios. Una mentira reinaría en el corazón de la realidad. Por tanto, Dios dice: «Maldito todo aquel que no permaneciere en todas las cosas escritas en el libro de la ley, para hacerlas» (Gálatas 3:10; Deuteronomio 27:26).

Pero el amor de Dios no descansa con la maldición que pende sobre toda la humanidad pecadora. No está contento en mostrar la ira, no obstante cuán santa sea ésta. Por lo tanto Dios envía a su propio Hijo para absorber su ira y llevar sobre sí la maldición por todos los que confían en Él. «Cristo nos redimió de la maldición de la ley, hecho por nosotros maldición» (Gálatas 3:13).

Este es el significado de la palabra «propiciación» en el texto citado arriba (Romanos 3:25). Se refiere a la eliminación de la ira de Dios mediante el suministro de un sustituto. El sustituto es proporcionado por Dios mismo. El sustituto, Jesucristo, no solo cancela la ira; la absorbe y la traslada de nosotros a sí mismo. La ira de Dios es justa, y fue aplicada, no suspendida.

No tratemos con ligereza a Dios ni trivialicemos su amor. Nunca nos asombraremos de que Dios nos ama hasta que nos demos cuenta de la seriedad de nuestro pecado y la justicia de su ira contra nosotros. Pero cuando, por gracia, despertamos a nuestra indignidad, entonces podemos mirar al sufrimiento y la muerte de Cristo y decir, «En esto consiste el amor de Dios, no en que nosotros hayamos amado a Dios, sino en que él nos amó a nosotros, y envió a su Hijo en [absorbente de ira] *propiciación* por nuestros pecados» (1 Juan 4:10).

PARA COMPLACER A SU
PADRE CELESTIAL

Jehová quiso quebrantarlo, sujetándole a padecimiento.

Isaías 53:10

Cristo nos amó, y se entregó a sí mismo por nosotros,
ofrenda y sacrificio a Dios en olor fragante.

Efesios 5:2

Jesús no forcejeó con su airado Padre y lo echó al suelo del cielo para sacarle la fusta de su mano. No lo forzó a ser misericordioso con la humanidad. Su muerte no fue el consentimiento de mala gana de Dios de ser indulgente con los pecadores. No, lo que Jesús hizo cuando sufrió y murió fue idea del Padre. Fue una estrategia asombrosa, concebida aun antes de la creación, a la vez que Dios concebía y planeaba la historia del mundo. Por esto es que la Biblia habla del «propósito… y la gracia [de Dios] que nos fue dada en Cristo Jesús antes de los tiempos de los siglos» (2 Timoteo 1:9).

Ya en las Escrituras judías el plan se desarrollaba. El profeta Isaías predijo los sufrimientos del Mesías, quien iba a tomar el lugar de los pecadores. Dijo que el Cristo sería «herido de Dios» en nuestro lugar.

Ciertamente llevó él nuestras enfermedades, y sufrió nuestros
dolores; y nosotros lo tuvimos por azotado, por herido de Dios y
abatido. Mas él herido fue por nuestras rebeliones, molido por
nuestros pecados; el castigo de nuestra paz fue sobe él. Y por su

llaga fuimos nosotros curados... Todos nosotros nos descarria-
mos como ovejas, cada cual se apartó por su camino; mas Jeho-
vá cargó en él el pecado de todos nosotros (Isaías 53:4-6).

Pero lo que es más asombroso acerca de esta sustitución de Cristo por los pecadores es que ésta fue idea de Dios. Cristo no interfirió en el plan de Dios de castigar a los pecadores. Dios planeó que Él estuviera allí. Un profeta del Antiguo Testamento dice: «Jehová quiso quebrantarlo, sujetándole a padecimiento» (Isaías 53:10).

Esto explica la paradoja del Nuevo Testamento. Por una parte, el sufrimiento de Cristo es una efusión de la ira de Dios a causa del pecado. Pero por otro lado, el sufrimiento de Cristo es un acto hermoso de sumisión y obediencia a la voluntad del Padre. Por eso Cristo gritó desde la cruz: «Dios mío, Dios mío, ¿por qué me has desamparado?» (Mateo 27:46). Y sin embargo la Biblia dice que el sufrimiento de Cristo fue una fragancia para Dios: «Cristo nos amó y se entregó a sí mismo por nosotros, ofrenda y sacrificio a Dios en olor fragante» (Efesios 5:2).

¡Oh, que podamos adorar la terrible maravilla del amor de Dios! Esto no es sentimental. Esto no es sencillo. Por nosotros Dios hizo lo imposible: vertió su ira sobre su propio Hijo, cuya sumisión lo hizo infinitamente desmerecedor de recibirlo. Sin embargo, la misma disposición del Hijo por recibirla fue preciosa a los ojos de Dios. El portador de la ira era amado infinitamente.

PARA APRENDER OBEDIENCIA
Y SER PERFECCIONADO

Y aunque era Hijo, por lo que padeció aprendió la obediencia.
Hebreos 5:8

*Porque convenía a aquel por cuya causa son todas las cosas, y por quien todas
las cosas subsisten, que habiendo de llevar muchos hijos a la gloria,
perfeccionase por aflicciones al autor de la salvación de ellos.*
Hebreos 2:10

El mismo libro en la Biblia que dice que Cristo «aprendió la obediencia» a través del sufrimiento, y que fue «[perfeccionado]»
por aflicciones», también dice que fue «sin pecado». «[Cristo] fue
tentado en todo según nuestra semejanza, *pero sin pecado*» (Hebreos
4:15).

Esta es la enseñanza consecuente de la Biblia. Cristo fue sin pecado. Aunque era el divino Hijo de Dios, era realmente humano, con
todas nuestras tentaciones y apetitos y debilidades físicas. Sintió
hambre (Mateo 21:19) y enojo y aflicción (Marcos 3:5) y dolor
(Mateo 17:12). Pero su corazón amaba perfectamente a Dios, y ac-
tuó de acuerdo con ese amor: «no hizo pecado, ni se halló engaño en
su boca» (1 Pedro 2:22).

Por consiguiente, cuando la Biblia dice que Jesús «por lo que padeció aprendió la obediencia», no quiere decir que aprendió a dejar
de desobedecer. Quiere decir que con cada nueva experiencia aprendió en la práctica —y en el dolor— lo que significa obedecer. Cuando dice que fue «[perfeccionado] por aflicciones», no quiere decir
que fue gradualmente librándose de defectos. Quiere decir que fue

gradualmente colmando la perfecta justicia que tenía que tener a fin de salvarnos.

Eso fue lo que dijo en su bautismo. Él no tenía que ser bautizado porque fuese un pecador. Más bien, según le explicó a Juan el Bautista, «así conviene que cumplamos toda justicia» (Mateo 3:15).

El punto es este: *Si el Hijo de Dios habría ido desde la encarnación a la cruz sin una vida de tentación y dolor para probar su justicia y su amor, no habría sido un adecuado Salvador para el hombre caído.* Su sufrimiento no solo absorbió la ira de Dios. También realizó su verdadera humanidad y lo hizo capaz de llamarnos hermanos y hermanas (Hebreos 2:17).

PARA LOGRAR SU PROPIA RESURRECCIÓN DE ENTRE LOS MUERTOS

Y el Dios de paz que resucitó de los muertos a nuestro Señor Jesucristo, el gran pastor de las ovejas, por la sangre del pacto eterno, os haga aptos en toda obra buena para que hagáis su voluntad.
Hebreos 13:20-21

La muerte de Cristo no precede meramente a su resurrección: fue el precio que la obtuvo. Por eso Hebreos 13:20 dice que Dios lo resucitó de los muertos «por la sangre del pacto eterno».

La «sangre del pacto» es la sangre de Jesús. Como Él dijo: «Esto es mi sangre del… pacto» (Mateo 26:28). Cuando la Biblia habla de la sangre de Jesús, se refiere a su muerte. No se lograría la salvación por el mero desangramiento de Jesús. Su desangramiento *hasta morir* es lo que hace crucial su derramamiento de sangre.

Ahora, ¿qué relación existe entre este desangramiento de Jesús y la resurrección? La Biblia dice que resucitó no simplemente *después* del derramamiento de sangre, sino *por* ella. Esto quiere decir que lo que la muerte de Cristo logró fue tan pleno y tan perfecto que la resurrección fue el *premio* y la *vindicación* del logro de Cristo en la muerte.

La ira de Dios se satisfizo con el sufrimiento y la muerte de Jesús. La maldición santa contra el pecado quedó totalmente absorbida. La obediencia de Cristo se completó en toda su medida. El precio del perdón fue totalmente pagado. La justicia de Dios fue totalmente vindicada. Lo único que quedaba por lograr era la pública declaración de la aprobación de Dios. Esta la dio levantando a Jesús de entre los muertos.

Cuando la Biblia dice: «Si Cristo no resucitó, vuestra fe es vana; aún estáis en vuestros pecados» (1 Corintios 15:17), el punto no es que la resurrección es el precio pagado por nuestros pecados. El punto es que la resurrección demuestra que la muerte de Jesús es un precio totalmente suficiente. Si Jesús no se hubiera levantado de entre los muertos, su muerte hubiera sido un fracaso, Dios no hubiera vindicado su logro de llevar nuestros pecados, y estaríamos aún en ellos.

Pero en realidad «Cristo resucitó de los muertos por la gloria del Padre» (Romanos 6:4). El éxito de su sufrimiento y su muerte fue vindicado. Y si ponemos nuestra confianza en Cristo, no estamos aún en nuestros pecados. Porque «por la sangre del pacto eterno», el Gran Pastor ha resucitado y vive para siempre.

PARA MOSTRAR LA RIQUEZA DEL AMOR Y LA GRACIA DE DIOS POR LOS PECADORES

Ciertamente, apenas morirá alguno por un justo; con todo, pudiera ser que alguno osara morir por el bueno. Mas Dios muestra su amor para con nosotros, en que siendo aún pecadores, Cristo murió por nosotros.

ROMANOS 5:7-8

Porque de tal manera amó Dios al mundo, que ha dado a su Hijo unigénito, para que todo aquel que en él cree, no se pierda, mas tenga vida eterna.

JUAN 3:16

En quien tenemos redención por su sangre, el perdón de pecados según las riquezas de su gracia,

EFESIOS 1:7

La medida del amor de Dios por nosotros se muestra en dos cosas. Una es el grado de su sacrificio en salvarnos de la penalidad de nuestro pecado. La otra es el grado de falta de mérito que teníamos cuando él nos salvó.

Podemos oír la medida de su sacrificio en las palabras: «Dio a su Hijo único» (Juan 3:16, DHH). También oímos esto en la palabra *Cristo*. Este es un nombre basado en el título griego *Christos*, o «El Ungido», o «Mesías». Es un término de gran dignidad. El Mesías iba a ser el Rey de Israel. Él conquistaría a los romanos y traería paz y seguridad a Israel. Así que la persona a quien Dios envió para salvar a los pecadores fue su propio divino Hijo, su Hijo *único*, el Ungido Rey de Israel… y en efecto el rey del mundo (Isaías 9:6-7).

Cuando agregamos a estas consideraciones la horrible muerte por crucifixión que Cristo soportó, se hace claro que el sacrificio del Padre y del Hijo fue indescriptiblemente grande, aun infinito, cuando se considera la distancia entre lo divino y lo humano. Pero Dios escogió hacer este sacrificio para salvarnos.

La medida de su amor por nosotros aumenta aún más cuando consideramos nuestra falta de méritos. «Tal vez haya quien se atreva a morir por una persona buena. Pero Dios demuestra su amor por nosotros en esto: en que *cuando todavía éramos pecadores*, Cristo murió por nosotros» (Romanos 5:7-8). Merecemos el castigo divino, no el sacrificio divino.

He oído decir: «Dios no murió por las ranas. Así que estaba respondiendo a nuestro valor como humanos». Esto altera el significado de la gracia. Nosotros somos peores que las ranas. Las ranas no han pecado. No se han rebelado ni han tratado a Dios con desprecio ni han sido inconsecuentes en sus vidas. Dios no tuvo que morir por las ranas. No son lo suficiente malas. Nosotros sí lo somos. Nuestra deuda es tan grande que solo un sacrificio divino podría pagarla.

Hay solo una explicación para el sacrificio de Dios por nosotros. No somos nosotros. Son «las riquezas de su gracia» (Efesios 1:7). Es todo gratis. No responde a nuestro mérito. Es el desborde de su infinito mérito. De hecho, esto es lo que el divino amor es al fin y al cabo: una pasión por cautivar a pecadores que no lo merecían, a gran costo, con algo que los hará supremamente felices para siempre: su infinita belleza.

PARA MOSTRAR SU PROPIO AMOR
POR NOSOTROS

*Cristo nos amó y se entregó por nosotros
como ofrenda y sacrificio fragante para Dios.*
Efesios 5:2

Cristo amó a la iglesia y se entregó por ella.
Efesios 5:25

[Él] me amó y dio su vida por mí.
Gálatas 2:20

La muerte de Cristo no solo es la demostración del amor de *Dios* (Juan 3:16), sino también la suprema expresión del propio amor de *Cristo* por todos los que lo reciban ese amor como un tesoro. Los primeros testigos que sufrieron mucho por ser cristianos fueron cautivados por esta razón: Cristo «me amó y se entregó a sí mismo por mí» (Gálatas 2:20). Tomaron el acto de la propia entrega del sacrificio de Cristo muy personalmente. Dijeron: «Él me amó a *mí*. Él se dio a sí mismo por *mí*».

Seguramente éste es el modo en que debemos entender el sufrimiento y la muerte de Cristo. Ambas tienen que ver conmigo. Se tratan del amor de Cristo por mí personalmente. Es *mi* pecado lo que me separó de Dios, no el pecado en general. Es *mi* dureza de corazón y entumecimiento espiritual lo que degrada la dignidad de Cristo. Estoy perdido y pereciendo. Cuando se trata de salvación, he perdido todo alegato de justicia. Todo lo que puedo hacer es suplicar misericordia.

Entonces veo a Cristo sufriendo y muriendo. ¿Por quién? Dice que «Cristo amó la *iglesia* y se entregó por *ella*» (Efesios 5:25). «Nadie tiene mayor amor que éste, que uno ponga su vida por *sus amigos*» (Juan 15:13). «El Hijo del Hombre no vino para ser servido, sino para servir y dar su vida en rescate por *muchos*» (Mateo 20:28).

Y me pregunto: ¿Estoy yo entre los «muchos»? ¿Puedo yo ser uno de sus «amigos»? ¿Puedo yo pertenecer a la «iglesia»? Y oigo la respuesta: «Cree en el Señor Jesús, y serás salvo» (Hechos 16:31). «Todo aquel que invocare el nombre del Señor, será salvo» (Romanos 10:13). «Todos los que en él creyeren, recibirán perdón de pecados por su nombre» (Hechos 10:43). «Mas a todos los que le recibieron, a los que creen en su nombre, les dio potestad de ser hechos hijos de Dios» (Juan 1:12). «Todo aquel que en él cree no se pierd[e], mas [tiene] vida eterna» (Juan 3:16).

Mi corazón queda persuadido, y abrazo la belleza y la generosidad de Cristo como mi tesoro. Y fluye dentro de mi corazón esta gran realidad: el amor de Cristo por mí. De modo que digo con aquellos primeros testigos: «Él me amó y se entregó a sí mismo por mí».

¿Y qué quiero decir? Quiero decir que Él pagó el más alto precio posible por darme el más grande regalo posible. ¿Y qué es eso? Es el regalo por el que oró al fin de su vida: «Padre, aquellos que me has dado, quiero que donde yo estoy ellos también estén conmigo, para que vean mi gloria» (Juan 17:34). En su sufrimiento y su muerte «vimos su gloria, gloria como del unigénito del Padre, lleno de gracia y verdad» (Juan 1:14). Hemos visto suficiente para estar cautivados con su causa. Pero lo mejor está aún por venir. Él murió para asegurarnos esto. Ese es el amor de Cristo.

PARA CANCELAR
LAS DEMANDAS DE LA LEY
CONTRA NOSOTROS

Y a vosotros, estando muertos en pecados …
[Dios] os dio vida juntamente con él, perdonándoos todos los pecados,
anulando el acta de los decretos que había contra nosotros,
que nos era contraria, quitándola de en medio
y clavándola en la cruz
Colosenses 2:13-14

Qué insensatez es pensar que nuestras buenas obras puedan un día superar nuestras malas obras. Es insensatez por dos razones.

Primera, *no es verdad*. Aun nuestras buenas obras son defectuosas porque no honramos a Dios en la forma que las hacemos. ¿Hacemos nuestras buenas obras en gozosa dependencia de Dios con el criterio de hacer conocer su supremo valor?

¿Cumplimos el supremo mandamiento de servir al pueblo «conforme al poder que Dios da, para que en todo sea Dios glorificado por Jesucristo» (1 Pedro 4:11).

¿Qué diremos entonces en respuesta a la palabra de Dios: «Todo lo que no proviene de fe, es pecado» (Romanos 14:23). Creo que no debemos decir nada. «Todo lo que la ley dice, lo dice … para que toda boca se cierre» (Romanos 3:19). No diremos nada. Es tonto pensar que nuestras buenas obras compensarán por nuestras malas obras delante de Dios. Sin fe que exalte a Cristo, nuestras obras no significarán nada sino rebelión.

La segunda razón de que es tonto esperar en las buenas obras es que *esta no es la manera en que Dios salva*. Si somos salvos de las consecuencias de nuestras malas obras, no será porque ellas pesaron menos que nuestras buenas obras. Será porque «el acta de los decretos que había contra nosotros» en el cielo ha sido clavada en la cruz de Cristo. Dios tiene una manera totalmente diferente de salvar a los pecadores que pesándole sus obras. No hay esperanza en nuestras obras. Solo hay esperanza en el sufrimiento y la muerte de Cristo.

No hay salvación mediante el equilibrio de nuestras cuentas. Solo hay salvación mediante la cancelación de las cuentas. La cuenta de nuestras malas obras (inclusive nuestras defectuosas buenas obras), junto con las justas penalidades que cada una merece, deben ser borradas, no balanceadas. Cristo sufrió y murió para lograrlo.

La cancelación sucedió cuando la cuenta de nuestras obras fue clavada en la cruz (Colosenses 2:13). ¿Cómo fue esta cuenta mortal clavada en la cruz? Un pergamino no fue clavado en la cruz. Cristo sí. Así, pues, Cristo se convirtió en cuenta mortal de malas (y buenas) obras. Él soportó mi condenación. Él puso mi salvación sobr una base totalmente diferente. Él es mi única esperanza. Y la fe en Él es mi única vía a Dios.

PARA CONVERTIRSE EN RESCATE
POR MUCHOS

*Porque el Hijo del Hombre no vino para ser servido, sino para servir,
y para dar su vida en rescate por muchos.*

Marcos 10:45

No hay idea alguna en la Biblia de que a Satán había que pagarle para dejar que los pecadores fueran salvos. Lo que recibió Satán cuando Cristo murió no fue un pago, sino una derrota. El Hijo de Dios se hizo humano «para destruir por medio de la muerte al que tenía el imperio de la muerte, esto es, al diablo» (Hebreos 2:14). No había negociación.

Cuando Jesús dice que Él vino «para dar su vida en rescate», la cuestión no es quién recibe el pago. El enfoque está en su propia vida como el pago, y en su libertad en servir más bien que en ser servido, y en los «muchos» que se beneficiarán del pago que Él hace.

Si preguntamos quién recibió el rescate, la respuesta bíblica seguramente sería Dios. La Biblia dice que Cristo «se entregó a sí mismo por nosotros, [como una] ofrenda … *a Dios*» (Efesios 5:2). Cristo «se ofreció a sí mismo sin mancha *a Dios*» (Hebreos 9:14). La total necesidad de que un sustituto muriera en nuestro favor es porque todos hemos pecado contra *Dios* y estamos destituidos de la gloria de *Dios* (Romanos 3:23). Y a causa de nuestro pecado, «todo el mundo [está] bajo el juicio de *Dios*» (Romanos 3:19). Así que cuando Cristo se ofrece a sí mismo como rescate por nosotros, la Biblia dice que estamos libres de la condenación de Dios. «Ahora, pues, ninguna condenación hay para los que están en Cristo Jesús» (Romanos 8:1). La última cautividad de la cual necesitamos liberarnos es el final «juicio de *Dios*» (Romanos 2:2, Apocalipsis 14:7).

El precio del rescate en esta liberación de la condenación de Dios es la vida de Cristo. No necesariamente la vida que vivió, sino la vida que entregó en su muerte. Jesús dijo repetidamente a sus discípulos, «El Hijo del Hombre será entregado en manos de hombres, y le matarán» (Marcos 9:31). En realidad, una de las razones por las que a Jesús le gustaba llamarse «el Hijo del Hombre» (más de sesenta y cinco veces en los Evangelios) era que este título tenía un aura de mortalidad. Los hombres pueden morir. Es por esto que Él tenía que ser uno de ellos. El rescate podría ser pagado únicamente por el Hijo del Hombre, porque el rescate era una vida entregada a la muerte.

El precio no lo pagó a la fuerza. Eso es lo que señalaba al decir: «El Hijo del Hombre no vino para ser servido, sino para servir». Él no necesitaba ningún servicio de nosotros. Él era el dador, no el receptor. «Nadie me ... quita [la vida], sino que yo de mí mismo la pongo» (Juan 10:18). El precio lo pagó libremente; no fue forzado. Lo cual nos trae otra vez a su amor. Él escogió voluntariamente rescatarnos al costo de su vida.

¿A cuántos efectivamente Cristo rescató del pecado? Él dijo que vino «a dar su vida en rescate *por muchos*». Sin embargo, no todo el mundo será rescatado de la ira de Dios. Pero la *oferta* es para todo el mundo. «Hay ... un solo mediador entre Dios y los hombres, Jesucristo hombre, el cual se dio a sí mismo en rescate *por todos*» (1 Timoteo 2:5-6). Nadie que abrace el tesoro de Cristo el rescatador está excluido de esta salvación.

Para el perdón de
nuestros pecados

En [Él] tenemos redención por su sangre, el perdón de pecados.
Efesios 1:7

Esto es mi sangre del nuevo pacto, que por muchos es derramada
para remisión de los pecados.
Mateo 26:28

Cuando perdonamos una deuda o una ofensa o un daño, no exigimos un pago por el ajuste. Eso sería lo opuesto al perdón. Si se nos hace un reembolso por lo que hemos perdido, no hay necesidad de perdón. Ya hemos recibido el pago.

El perdón supone gracia. Si usted me hiere, la gracia lo absuelve. Yo no lo demando. Yo lo perdono. La gracia da lo que alguien no merece. Es por eso que *perdonar* contiene en sí la palabra *donar*. Per*donar* no es *saldar* la cuenta. Es abandonar el derecho a una compensación equitativa.

Eso es lo que Dios hace con nosotros cuando confiamos en Cristo: «Todos los que en él creyeren, recibirán perdón de pecados por su nombre» (Hechos 10:43). Si creemos en Cristo, Dios deja de tomar en cuenta nuestros pecados. Este es el propio testimonio de Dios en la Biblia. «Yo, yo soy el que borro tus rebeliones por amor de mí mismo» (Isaías 43:25). «Cuanto está lejos el oriente del occidente, hizo alejar de nosotros nuestras rebeliones» (Salmo 103:12).

Pero esto crea un problema. Todos sabemos que no basta con perdonar. Podemos verlo claramente cuando el daño es grande, como un asesinato o una violación. Ni la sociedad ni el universo pueden mantenerse unidos si los jueces (o Dios) simplemente le dicen a todo asesino o violador, «¿Lo sientes mucho? Muy bien. El estado te perdona. Quedas libre». En casos como estos vemos que aunque la víctima puede tener un espíritu perdonador, el estado no puede ignorar la justicia.

Así pasa con la justicia de Dios. Todo pecado es grave, porque es contra Dios (ver capítulo 1). Él es aquel cuya gloria ofendemos cuando lo ignoramos, lo desobedecemos o blasfemamos. Su justicia no le permitirá simplemente libertarnos, así como un juez no puede cancelar las deudas que un criminal tiene con la sociedad. La ofensa hecha a la gloria de Dios por nuestro pecado se debe reparar para que en la justicia su gloria resplandezca con más brillantez. Y si nosotros los criminales vamos a quedar en libertad y a ser perdonados, debe haber alguna demostración dramática de que el honor de Dios es mantenido aunque algunos que fueron blasfemos sean puestos en libertad.

Esto es por lo que Cristo sufrió y murió. «En [Él] tenemos redención *por su sangre*, el perdón de pecados» (Efesios 1:7). El perdón no nos cuesta nada. Toda nuestra costosa obediencia es el fruto, no la raíz, de ser perdonados. Es por eso que llamamos a esto gracia. Pero le costó a Jesús su vida. Es por eso que llamamos a esto justo. ¡Oh, cuán preciosa es la noticia de que Dios no nos toma en cuenta los pecados cometidos! Y qué hermoso es Cristo, cuya sangre justificó que Dios hiciera esto.

PARA PROVEER LA BASE DE
NUESTRA JUSTIFICACIÓN

Estando ya justificados en su sangre, por él seremos salvos de la ira.
ROMANOS 5:9

*[Somos] justificados gratuitamente por su gracia, mediante
la redención que es en Cristo Jesús.*
ROMANOS 3:24

Concluimos, pues, que el hombre es justificado por fe sin las obras de la ley.
ROMANOS 3:28

El ser justificados ante Dios y el ser perdonados por Dios no es lo mismo. Ser justificado en un tribunal no es lo mismo que ser perdonado. Ser perdonado entraña que soy culpable y que mi delito no se cuenta. Ser justificado implica que he sido juzgado y hallado inocente. Mi demanda es justa. Estoy vindicado. El *juez* dice, «Inocente».

La justificación es un acto legal. Significa declarar que alguien es justo. Es un veredicto. El veredicto de justificación no *hace* justa a una persona. *Declara* justa a una persona. Se basa en que alguien realmente es justo. Podemos ver esto con mayor claridad cuando la Biblia nos dice que, en respuesta a las enseñanzas de Jesús, el pueblo «justificó» a *Dios* (Lucas 7:29). Esto no quiere decir que *hicieron* a Dios justo (puesto que Él ya lo era). Significa que declararon que Dios es justo.

El cambio moral que experimentamos cuando confiamos en Cristo no es justificación. La Biblia usualmente lo llama santificación, el proceso de llegar a ser bueno. La justificación no es ese proceso. No es ningún proceso. Es una declaración que ocurre en un momento. Un veredicto: ¡Justo! ¡Recto!

La manera ordinaria de ser justificado en un tribunal humano es guardar la ley. En ese caso el jurado y el juez sencillamente declaran lo que es cierto en usted: Usted guarda la ley. Eso lo justifica. Pero ante el tribunal de Dios, *no* hemos guardado la ley. Por lo tanto, en términos ordinarios, no tenemos esperanza de ser justificados. La Biblia aun dice, «El que justifica al impío … [es] abominación a Jehová» (Proverbios 17:15). Y aún más, sorprendentemente, a causa de Cristo, también dice que Dios «justifica al impío», que confía en su gracia (Romanos 4:5). Dios hace lo que parece abominable.

¿Por qué esto no es abominable? O, según la Biblia dice, ¿cómo puede Dios ser «justo *y*, a la vez, el que justifica a los que [¡simplemente!] tienen fe en Jesús?» (Romanos 3:26). No es abominable que Dios justifique al impío que confía en él, por dos razones. Una es que *Cristo derramó su sangre para cancelar la culpa de nuestro delito*. Así, pues, dice «Hemos sido justificados *por su sangre*» (Romanos 5:9). Pero eso es solo la remoción del pecado. No nos declara justos. Cancelar nuestros fracasos en mantener la ley no es lo mismo que declararnos guardadores de la ley. Cuando un maestro cancela de la lista un examen que obtuvo F, no es lo mismo que declararlo A. Si el banco fuera a perdonarme las deudas en mi cuenta, no sería lo mismo que declararme rico. Así también, cancelar nuestros pecados no es lo mismo que declararnos justos. La cancelación debe ocurrir. Esto es esencial a la justificación. Pero hay más. Existe otra razón por la que no es abominable que Dios justifique al impío por la fe. Para eso vamos al siguiente capítulo.

PARA COMPLETAR LA OBEDIENCIA QUE SE CONVIERTE EN NUESTRA JUSTIFICACIÓN

Y estando en la condición de hombre, se humilló a sí mismo, haciéndose obediente hasta la muerte, y muerte de cruz.

Filipenses 2:8

Porque así como por la desobediencia de un hombre los muchos fueron constituidos pecadores, así también por la obediencia de uno, los muchos serán constituidos justos.

Romanos 5:19

Al que no conoció pecado, por nosotros lo hizo pecado, para que nosotros fuésemos hechos justicia de Dios en él.

2 Corintios 5:21

Y ser hallado en él, no teniendo mi propia justicia, que es por la ley, sino la que es por la fe de Cristo, la justicia que es de Dios por la fe.

Filipenses 3:9

La justificación no es simplemente la cancelación de nuestra injusticia. Es también el traspaso a nosotros de la justicia de Cristo. No tenemos una rectitud que nos ponga a bien con Dios. Lo único que un cristiano puede decir ante Dios es: «No teniendo mi propia justicia, que es por ley, sino la que es por la fe de Cristo» (Filipenses 3:9).

Es la justicia de Cristo. Dios nos la traspasa. Eso quiere decir que Cristo cumplió toda justicia perfectamente; y esa justicia la toma en cuenta como nuestra cuando confiamos en Él. Somos contados como justos. Dios miró la perfecta justicia de Cristo y nos declaró justos con la justicia de Cristo.

Así, pues, hay dos razones por las que no es abominable para Dios justificar al impío (Romanos 4:5). Primero, *la muerte de Cristo pagó la deuda de nuestra injusticia* (véase el capítulo anterior). Segundo, *la obediencia de Cristo proporcionó la justicia que necesitábamos para ser justificados en el tribunal de Dios*. Las demandas de Dios para entrar en la vida eterna no son meramente que nuestra injusticia sea cancelada, sino que nuestra perfecta justicia se establezca.

El sufrimiento y la muerte de Cristo es la base de ambas. Su sufrimiento es el sufrimiento que nuestra injusticia merecía. «Él fue herido por nuestras transgresiones, molido por nuestras iniquidades» (Isaías 53:5). Pero su sufrimiento y muerte fueron también el clímax y la consumación de la obediencia que llegó a ser la base de nuestra justificación. Él fue «obediente hasta la muerte, y muerte de cruz» (Filipenses 2:8). Su muerte fue el pináculo de su obediencia. A esto es a lo que la Biblia se refiere cuando dice: «Por la obediencia de uno, los muchos serán constituidos justos» (Romanos 5:19).

Por lo tanto, la muerte de Cristo llegó a ser la base de nuestro perdón y nuestra perfección. «Por nosotros [Dios] lo hizo pecado, para que nosotros fuésemos hechos justicia de Dios» (2 Corintios 5:21). ¿Qué quiere decir esto de que Dios hizo que el inmaculado Cristo fuese hecho pecado? Quiere decir que le imputaron nuestro pecado, y sobre la base de eso se convirtió en nuestro perdón. ¿Y qué significa que nosotros (que somos pecadores) llegamos a ser justicia de Dios en Cristo? Quiere decir, igualmente, que la justicia de Cristo se toma como nuestra, y es por eso que Él es nuestra perfección.

¡Gloria sea a Cristo por lo que logró al sufrir y morir! Al sufrir y morir logró el perdón de nuestro pecado, y a la vez proporcionó nuestra justicia. Admirémosle y atesorémosle y confiemos en Él por este gran logro.

PARA CANCELAR
NUESTRA CONDENACIÓN

¿Quién es el que condenará? Cristo es el que murió; más aun,
el que también resucitó, el que además está a la diestra de Dios,
el que también intercede por nosotros.

ROMANOS 8:34

La gran conclusión en cuanto al sufrimiento y la muerte en la cruz de Cristo es esta: «Ninguna condenación hay para los que están en Cristo Jesús» (Romanos 8:1). Estar «en Cristo» significa estar en relación con él por fe. La fe en Cristo nos une a Cristo, así que su muerte llega a ser nuestra muerte y su perfección se convierte en nuestra perfección. Cristo llega a ser nuestro castigo (que no tenemos que sufrir) y nuestra perfección (que no podemos alcanzar).

La fe no es la base de nuestra aceptación ante Dios. Solo Cristo lo es. La fe nos une a Cristo así que su justicia es contada como nuestra. «Sabiendo que una persona no está justificada por obras de la ley, sino por la fe en Jesucristo, nosotros también hemos creído en Jesucristo, para ser justificados por la fe de Cristo y no por las obras de la ley, por cuanto por las obras de la ley nadie será justificado» (Gálatas 2:16). Ser «justificados por fe» y ser «justificados… en Cristo» (Gálatas 2:17) son términos paralelos. Estamos en Cristo por fe, y por tanto somos justificados.

Cuando surge la pregunta «¿Quién es condenado?», la respuesta se da por sentada. ¡Nadie! Entonces se dice el porqué: «¡Cristo Jesús es el que murió!» La muerte de Cristo asegura nuestra libertad de la condenación. Es tan seguro que no podemos ser condenados como seguro es que Cristo murió. No hay doble penalidad en el tribunal de Dios. No seremos condenados dos veces por el mismo delito. Cristo ha muerto una vez por nuestros pecados. No seremos condenados por causa de ellos. La condenación ha desaparecido no porque no exista ninguna, sino porque ya ha ocurrido.

¿Pero qué si el mundo nos quiere condenar? No es esa una respuesta a la pregunta, «¿Quién va a condenar?» ¿No condena el mundo a los cristianos? Ha habido muchos mártires. La respuesta es que nadie puede condenarnos *con éxito*. Puede haber cargos, pero ninguno perdurará. «¿Quién acusará a los escogidos de Dios? Dios es el que justifica» (Romanos 8:33). Es lo mismo que cuando la Biblia pregunta: «¿Quién nos separará del amor de Cristo? ¿Tribulación, o angustia, o persecución, o hambre, o desnudez, o peligro, o espada?» La respuesta no es que estas cosas no le ocurran a los cristianos. La respuesta es que «en todas estas cosas somos más que vencedores, por medio de aquel que nos amó» (Romanos 8:37).

El mundo traerá su condenación. Quizá esta llegue acompañada de espada. Pero sabemos que el supremo tribunal ya ha dictado sentencia a nuestro favor. «Si Dios es con nosotros, ¿quién contra nosotros?» (Romanos 8:31). Nadie exitosamente. Si otros nos rechazan, Él nos acepta. Si otros nos odian, Él nos ama. Si otros nos encarcelan, Él da libertad a nuestros espíritus. Si otros nos afligen, Él nos refina con su fuego. Si otros nos matan, Él hace de eso un trayecto al paraíso. No pueden derrotarnos. Cristo ha muerto. Cristo ha resucitado. Estamos vivos en Él. Y en Él no hay condenación. Somos perdonados y somos justos. «El justo vive confiado como un león» (Proverbios 28:1).

PARA ABOLIR LA CIRCUNCISIÓN Y TODOS LOS RITUALES COMO BASE DE LA SALVACIÓN

Y yo, hermanos, si aún predico la circuncisión, ¿por qué padezco persecución todavía? En tal caso se ha quitado el tropiezo de la cruz.
Gálatas 5:11

Todos los que quieren agradar en la carne, éstos os obligan a que os circuncidéis, solamente para no padecer persecución a causa de la cruz de Cristo.
Gálatas 6:12

El tema de la circuncisión fue una profunda controversia en la iglesia primitiva. Esta ocupaba un extenso, respetado y bíblico lugar desde que Dios lo ordenó en Génesis17:10. Cristo era judío. Todos sus doce apóstoles eran judíos. Casi todos los primeros conversos al cristianismo eran judíos. Las Escrituras judías eran (y son) parte de la Biblia de la iglesia cristiana. No es de sorprender que los rituales judíos llegaran a la iglesia cristiana.

Llegaron. Y con ellos llegó la controversia. El mensaje de Cristo se estaba esparciendo hasta ciudades que no eran judías como Antioquía de Siria. Los gentiles estaban creyendo en Cristo. La cuestión se hizo urgente. ¿En qué sentido la verdad central del evangelio guarda relación con rituales como la circuncisión? ¿Cómo los rituales guardan relación con el evangelio de Cristo: las buenas noticias de que si creemos en Él nuestros pecados son perdonados, y estamos justificados ante Dios? Dios está a favor nuestro. Tenemos vida eterna.

A través del mundo gentil los apóstoles fueron predicando perdón y justificación por fe solamente. Pedro predicó: «De éste [Cristo] dan testimonio todos los profetas, que todos los que en él creyeren recibirán *perdón de pecados* por su nombre» (Hechos 10:43). Pablo predicó: «Sepan, pues, esto, varones hermanos: que … por medio de él todo el que en él cree es justificado de todo lo que no pudo ser justificado por la ley de Moisés» (Hechos 13:38-39, traducción libre).

¿Pero qué de la circuncisión? Algunos en Jerusalén creían que esto era esencial. Antioquía llegó a ser el centro mismo de la controversia. «Algunos hombres venían de Judea y enseñaban que «si no os circuncidáis … no podéis ser salvos» (Hechos 15:1). Se convocó un concilio y se debatió la cuestión.

Pero algunos de la secta de los fariseos, que habían creído, se levantaron diciendo: Es necesario circuncidarlos, y mandarles que guarden la ley de Moisés. Y se reunieron los apóstoles y los ancianos para conocer de este asunto. Y después de mucha discusión, Pedro se levantó y les dijo: Varones hermanos, vosotros sabéis cómo ya hace algún tiempo que Dios escogió que los gentiles oyesen por mi boca la palabra del evangelio y creyesen. Y Dios, que conoce los corazones, les dio testimonio, dándoles el Espíritu Santo lo mismo que a nosotros; y ninguna diferencia hizo entre nosotros y ellos, purificando por la fe sus corazones. Ahora, pues, ¿por qué tentáis a Dios, poniendo sobre la cerviz de los discípulos un yugo que ni nuestros padres ni nosotros mismos hemos podido llevar? Antes creemos que por la gracia del Señor Jesús seremos salvos, de igual modo que ellos. Entonces toda la multitud calló (Hechos 15:5-12).

Nadie veía el fondo de este asunto más claramente que el apóstol Pablo. El verdadero significado del sufrimiento y muerte de Cristo estaba en juego. ¿Era la fe en Cristo suficiente para ponernos a bien con Dios? O ¿era la circuncisión necesaria también? La respuesta fue clara. Si Pablo predicaba la circuncisión, el tropiezo de la cruz era quitado del medio (Gálatas 5:11). La cruz significa libertad de la esclavitud del ritual. «Para libertad Cristo nos hizo libres. Estad firmes, pues, y no estéis otra vez sujetos al yugo de esclavitud» (Gálatas 5:1).

PARA LLEVARNOS A LA FE Y
MANTENERNOS FIELES

Esto es mi sangre del nuevo pacto,que por muchos es derramada.

Marcos 14:24

*Y haré con ellos pacto eterno, que no me volveré atrás de hacerles bien, y pondré
mi temor en el corazón de ellos, para que no se aparten de mí.*

Jeremías 32:40

La Biblia habla de un «antiguo pacto» y un «nuevo pacto». El término pacto se refiere a un acuerdo solemne y obligatorio entre dos partes con obligaciones para ambas partes y hecho firme mediante un juramento. En la Biblia los pactos que Dios hace con el hombre los inicia Él mismo. Él establece los términos. Sus obligaciones están determinadas por sus propios fines.

El «antiguo pacto» se refiere a los acuerdos que Dios estableció con Israel en la ley de Moisés. Su debilidad era que no estaba acompañado por una transformación espiritual. Por consiguiente no era obedecido y no vivificaba. Estaba escrito con letras en la piedra, no con el Espíritu en el corazón. Los profetas prometían un «nuevo pacto» que sería diferente. No sería «de la letra, sino del Espíritu. Porque la letra mata pero el Espíritu vivifica» (2 Corintios 3:6).

El nuevo pacto es radicalmente más efectivo que el antiguo. Está redactado sobre el fundamento del sufrimiento y muerte de Jesús. «Él es el mediador del nuevo pacto» (Hebreos 9:15). Jesús dijo que su sangre era «sangre del nuevo pacto, que muchos es derramada» (Marcos 14:24). Esto significa que la sangre de Jesús compró el poder y las promesas del nuevo pacto. Es supremamente efectivo porque Cristo murió para que fuera así.

¿Cuáles entonces son los términos del pacto que él infaliblemente aseguró con su sangre? El profeta Jeremías describió algunos de ellos: «Yo haré un nuevo pacto … Este es el pacto que yo haré … Pondré mi ley dentro de ellos y la escribiré en sus corazones … Porque yo perdonaré su iniquidad y no me acordaré más de su pecado» (Jeremías 31:31-34). El sufrimiento y la muerte de Cristo garantizan el cambio interior de su pueblo (la ley escrita en sus corazones) y el perdón de sus pecados.

Para garantizar que este pacto no fallara, Cristo toma la iniciativa de crear la fe y asegurar la fidelidad de su pueblo. Trae al pueblo un nuevo pacto escribiendo la ley, no sobre piedra, sino sobre el corazón. En contraste con la «letra» sobre piedra, dice que «el Espíritu da vida» (2 Corintios 3:6). «Cuando aún estábamos muertos en pecado, [Dios] nos dio vida juntamente con Cristo» (Efesios 2:5). Esta es la vida espiritual que nos capacita para ver y creer en la gloria de Cristo. Este milagro crea el pueblo del nuevo pacto. Esto es seguro y cierto porque Cristo lo compró con su propia sangre.

Y el milagro es no solo la creación de nuestra fe, sino la seguridad de nuestra fidelidad. «Yo haré con ellos un pacto eterno … y pondré mi temor en el corazón de ellos, para que no se aparten de mí» (Jeremías 32:40). Cuando Cristo murió aseguró para su pueblo no solo nuevos corazones sino nueva seguridad. No les dejará que se aparten de él. Los guardará. Ellos perseverarán. La sangre del pacto lo garantizará.

PARA HACERNOS SANTOS, INTACHABLES Y PERFECTOS

Con una sola ofrenda hizo perfectos para siempre a los santificados.
Hebreos 10:14

Ahora os ha reconciliado en su cuerpo de carne, por medio de la muerte, para presentaros santos y sin mancha e irreprensibles delante de él
Colosenses 1:21-22

Limpiaos, pues, de la vieja levadura, para que seáis nueva masa, sin levadura como sois; porque nuestra pascua, que es Cristo, ya fue sacrificada por nosotros.
1 Corintios 5:7

Una de los mayores angustias en la vida cristiana es la lentitud de nuestro cambio. Escuchamos el llamamiento de Dios para que lo amemos de todo corazón, alma, mente y fuerza (Marcos 12:30). Pero ¿alguna vez nos elevamos a esa totalidad de afecto y devoción? Exclamamos regularmente con el apóstol Pablo: «¡Miserable de mí! ¿Quién me librará de este cuerpo de muerte?» (Romanos 7:24). Gemimos aun cuando hacemos renovadas resoluciones: «No que lo haya alcanzado ya, ni que ya sea perfecto; sino que prosigo por ver si logro asir aquello para lo cual fui también asido por Cristo Jesús» (Filipenses 3:12).

Esa misma declaración es la clave de la paciencia y el gozo. «Cristo Jesús me ha hecho suyo». Toda búsqueda, mi anhelo y mi esfuerzo no son para pertenecer a Cristo (lo que ya ocurrió) sino para completar lo que falta en mi semejanza a Él.

Una de las mayores fuentes de gozo y constancia para el cristiano es saber que en la imperfección de nuestro progreso ya hemos sido perfeccionados, y que eso es debido al sufrimiento y la muerte de Cristo: «Con una sola ofrenda hizo perfectos para siempre a los santificados» (Hebreos 10:14). ¡Esto es maravilloso! En la misma oración dice que «estamos santificados» y que estamos ya «perfeccionados».

Estar santificado significa que somos imperfectos y estamos en proceso. Nos estamos volviendo santos, pero todavía no del todo santos. Y son precisamente éstos —y solo éstos— quienes están ya perfeccionados. El gozoso estímulo aquí es que la evidencia de nuestra perfección ante Dios no es la perfección experimentada, sino el progreso experimentado. Lo bueno de todo es que el hallarnos en el camino es prueba de que hemos llegado.

La Biblia pinta esto otra vez en el antiguo lenguaje de masa y levadura (levadura). En el cuadro, la levadura es el mal. Somos el grumo de la masa. Dice: «Limpiaos, pues, de la vieja levadura, para que seáis nueva masa, sin levadura como sois; porque nuestra pascua, que es Cristo, ya fue sacrificada por nosotros» (1 Corintios 5:7). Los cristianos están «sin levadura». No hay levadura: no hay mal. Estamos perfeccionados. Por esta razón debemos «limpiarnos de la vieja levadura». Hemos quedado ácimos en Cristo. De modo que deberíamos llegar a ser ácimos en la práctica. En otras palabras, debemos llegar a ser lo que somos.

¿Cuál es la base de todo esto? «Cristo, nuestro Cordero de la Pascua, ha sido sacrificado». El sufrimiento de Cristo nos asegura perfección tan firmemente que ya es una realidad. Por consiguiente, peleamos contra nuestro pecado no sencillamente para llegar a ser perfectos, sino porque lo somos. La muerte de Jesús es la clave para combatir nuestras imperfecciones sobre el firme fundamento de nuestra perfección.

PARA DARNOS
UNA CLARA CONCIENCIA

*¿Cuánto más la sangre de Cristo, el cual mediante el Espíritu eterno se ofreció a
sí mismo sin mancha a Dios, limpiará vuestras conciencias de obras muertas
para que sirváis al Dios vivo?*

Hebreos 9:14

Algunas cosas nunca cambian. El problema de una conciencia sucia es tan antiguo como Adán y Eva. Tan pronto como estos pecaron, su conciencia se manchó. Su sentido de culpa fue ruinoso. Arruinó su relación con Dios: se escondieron de él. Arruinó sus relaciones entre ellos: se culparon mutuamente. Arruinó su paz consigo mismos: por primera vez se vieron a sí mismos y sintieron vergüenza.

A través de todo el Antiguo Testamento, la conciencia fue un problema. Pero los sacrificios de animales en sí no podían limpiar la conciencia. «Se presentan ofrendas y sacrificios que no pueden hacer perfecto, en cuanto a la conciencia, al que practica ese culto, ya que consiste solo en comidas y bebidas, de diversas abluciones, y ordenanzas acerca de la carne, impuestas hasta el tiempo de reformar las cosas» (Hebreos 9:9-10). Como una prefiguración de Cristo, Dios tuvo en cuenta la sangre de los animales como suficiente para limpiar la carne. Es decir, suficiente para limpiar la impureza ceremonial, mas no la conciencia.

Ninguna sangre de animal podría limpiar la conciencia. Ellos lo sabían (véase Isaías 53 y Salmo 51). Y nosotros lo sabemos. De modo que un nuevo sumo sacerdote viene —Jesús, el Hijo de Dios— con un mejor sacrificio: Él mismo.

«¿Cuánto más la sangre de Cristo, el cual mediante el Espíritu eterno se ofreció a sí mismo sin mancha a Dios, limpiará nuestras conciencias de obras muertas para que sirváis al Dios vivo» (Hebreos 9:14). Los sacrificios de animales prefiguraban el final sacrificio del Hijo de Dios, y la muerte del Hijo se retrotrae para cubrir todos los pecados del pueblo de Dios en antiguos tiempos, y se proyecta hacia delante para cubrir todos los pecados del pueblo de Dios en los nuevos tiempos.

Así, pues, estamos en la edad moderna —la edad de la ciencia, la Internet, el trasplante de órganos, el mensaje instantáneo, el teléfono celular— y nuestro problema es fundamentalmente el mismo de siempre: Nuestra conciencia nos condena. No nos sentimos suficientemente buenos para acercarnos a Dios. Y no importa lo distorsionadas que nuestras conciencias están, esto es muy cierto: No somos suficientemente buenos para acercarnos a Él.

Podemos mutilarnos, o tirar a nuestros hijos en el río sagrado, o dar un millón de dólares a United Way, o servir en una cocina popular el Día de Acción de Gracias, o practicar cien formas de penitencia y masoquismo, y el resultado será el mismo: La mancha queda y la muerte aterroriza. Sabemos que nuestra conciencia está mancillada no con cosas externas como tocar un cadáver o comer un pedazo de cerdo. Jesús dijo que lo que sale de la persona es lo que contamina, no lo que entra (Marcos 7:15-23). Estamos contaminados por el orgullo y la lástima propia y la amargura y la lujuria y la envidia y los celos y la codicia y la apatía y el temor, y las acciones que alimentan. Estas son todas «obras muertas». No tienen vida espiritual en ellas. No proceden de una vida nueva: proceden de la muerte y conducen a la muerte. Por eso es que nos hacen sentir sin esperanza en nuestra conciencia.

La única respuesta en estos tiempos modernos, como en todas las otras épocas, es la sangre de Cristo. Cuando nuestra conciencia se levante y nos condene, ¿hacia dónde nos volveremos? Nos volveremos a Cristo. Volveremos al sufrimiento y a la muerte de Cristo, a la sangre de Cristo. Este es el único agente limpiador en el universo que puede dar descanso a la conciencia en la vida, y paz en la muerte.

PARA OBTENER TODAS
LAS COSAS QUE SON BUENAS
PARA NOSOTROS

El que no escatimó ni a su propio Hijo, sino que lo entregó por todos nosotros,
¿cómo no nos dará también con él todas las cosas?

Romanos 8:32

Me encanta la lógica de este versículo. No porque me guste la lógica, sino porque me gusta tener mis verdaderas necesidades satisfechas. Las dos mitades de Romanos 8:22 tienen una conexión lógica estupendamente importante. Podemos no verla, puesto que la segunda mitad es una pregunta: «¿Cómo no nos dará también con él todas las cosas?» Pero si cambiamos la pregunta a la declaración que esto implica, se ve clara: «El que no escatimó ni a su propio Hijo, sino que lo entregó por todos nosotros, bondadosamente *nos dará, por lo tanto, seguramente*, también con él todas las cosas».

En otras palabras, la conexión entre las dos mitades tiene el propósito de hacer la segunda mitad absolutamente cierta. Si Dios hizo lo más difícil de todo —a saber, entregar a su propio Hijo para sufrir y morir— entonces es cierto que hará lo que es comparativamente fácil: darnos con Él todas las cosas. El propósito total de Dios de darnos todas las cosas es más seguro que el sacrificio de su Hijo. Él dio a su Hijo «por todos nosotros». Hecho esto, ¿podría él dejar de hacer cosas a nuestro favor? Sería inconcebible.

Pero ¿qué significa «darnos todas las cosas»? No una vida suave de comodidades. Ni tampoco seguridad contra nuestros enemigos.

Esto lo sabemos por lo que dice la Biblia cuatro versículos más adelante: «Por causa de ti somos muertos todo el tiempo; somos contados como ovejas de matadero» (Romanos 8:36). Muchos cristianos, aun hoy, sufren esta clase de persecución. Cuando la Biblia pregunta sí «la tribulación, la angustia, la persecución, el hambre, la desnudez, el peligro o la espada [podrán] separarnos del amor de Cristo?» (Romanos 8:35) la respuesta es no. No porque estas cosas no les pasen a los cristianos, sino porque «en todas estas cosas somos más que vencedores, por medio de aquel que nos amó» (Romanos 8:37).

¿Qué pues significa que por la muerte de Cristo por nosotros Dios ciertamente nos dará con él «todas las cosas»? Esto quiere decir que Él nos dará todas las cosas que sean buenas para nosotros. Todas las cosas que realmente necesitamos a fin de ser conformados a la imagen de su Hijo (Romanos 8:29). Todas las cosas que necesitamos a fin de alcanzar gozo permanente.

Esto es igual que la otra promesa bíblica: «Mi Dios, pues, suplirá todo lo que os falta conforme a sus riquezas en gloria en Cristo Jesús» (Filipenses 4:19). La promesa está aclarada en las precedentes palabras: «En todo y por todo estoy enseñado, así para estar saciado como para tener *hambre*, así para tener abundancia como para padecer *necesidad*. *Todo* lo puedo en Cristo que me fortalece» (Filipenses 4:12-13).

Dice que podemos hacer «todo» por medio de Cristo. Pero adviértase que «todo» incluye pasar «hambre» y pasar «necesidad». Dios suplirá toda verdadera necesidad, inclusive la capacidad de regocijarse uno en el sufrimiento cuando muchas necesidades no son satisfechas. Dios suplirá toda verdadera necesidad, inclusive la necesidad de gracia para pasar hambre cuando la necesidad de alimento no está satisfecha. El sufrimiento y la muerte de Cristo garantizan que Dios nos dará todas las cosas que necesitamos para hacer su voluntad y darle gloria y alcanzar gozo permanente.

PARA SANARNOS DE ENFERMEDADES MORALES Y FÍSICAS

El castigo de nuestra paz fue sobre él, y por su llaga fuimos nosotros curados.

Isaías 53:5

Sanó a todos los enfermos, para que se cumpliese lo dicho por el profeta Isaías, cuando dijo: El mismo tomó nuestras enfermedades, y llevó nuestras dolencias.

Mateo 8:16-17

Cristo sufrió y murió para que la enfermedad pueda ser un día totalmente destruida. La enfermedad y la muerte no eran parte del plan original de Dios con el mundo. Aparecieron con el pecado como parte del juicio de Dios contra la creación. La Biblia dice: «La creación fue sujeta a vanidad, no por su propia voluntad, sino por causa del que la sujetó en esperanza» (Romanos 8:20). Dios sujetó al mundo a la futilidad del dolor físico para mostrar el horror del mal moral.

Esta futilidad incluye la muerte. «El pecado entró en el mundo por un hombre, y por el pecado la muerte» (Romanos 5:12). Esto incluye todos los gemidos de la enfermedad. Y los cristianos no están excluidos: «No sólo ella [la creación], sino que también nosotros mismos, que tenemos las primicias del Espíritu, nosotros también gemimos dentro de nosotros mismos, esperando la adopción, la redención de nuestro cuerpo» (Romanos 8:23).

Pero toda esta miseria de la enfermedad es temporal. Esperamos ansiosamente una época cuando el dolor corporal no exista más. La sujeción de la creación a la futilidad no era permanente. Desde el mismo principio de su juicio, la Biblia dice que Dios puso su mira en la esperanza. Su propósito final ha sido que «la creación misma será libertada de la esclavitud de corrupción, a la libertad gloriosa de los hijos de Dios» (Romanos 8:21).

Cuando Cristo vino a este mundo, vino con la misión de realizar esta redención global. Señaló su propósito curando a muchas personas durante el curso de su vida. Hubo ocasiones cuando las multitudes se reunían y él sanaba a todos los que estaban enfermos (Mateo 8:16; Lucas 6:19). Esto era una manifestación previa de lo que iba a pasar al final de la historia cuando «enjugará Dios toda lágrima de los ojos de ellos; y ya no habrá muerte, ni habrá más llanto, ni clamor, ni dolor» (Apocalipsis 21:4).

La manera en que Cristo derrotó a la muerte y la enfermedad fue tomándolas sobre sí mismo y llevándolas con él a la tumba. Cuando sufrió y murió, Jesús sufrió el juicio de Dios contra el pecado que trajo la enfermedad. El profeta Isaías explicó la muerte de Cristo con estas palabras: «Mas él herido fue por nuestras rebeliones, molido por nuestros pecados; el castigo de nuestra paz fue sobre él *y por su llaga fuimos nosotros curados*» (Isaías 53:5). Los horribles golpes sobre la espalda de Jesús trajeron un mundo sin enfermedad.

Un día toda enfermedad será eliminada de la creación redimida por Dios. Habrá una nueva tierra. Tendremos nuevos cuerpos. La muerte será tragada por la vida eterna (1 Corintios 15:54; 2 Corintios 5:4). «El lobo y el cordero serán apacentados juntos; y el león comerá hierba como el buey» (Isaías 65:25). Y todo el que ame a Cristo cantará cánticos de gratitud al Cordero que fue inmolado para redimirnos del pecado y la muerte y la enfermedad.

PARA DAR VIDA ETERNA A TODO EL QUE CREE EN ÉL

Porque de tal manera amó Dios al mundo, que ha dado a su Hijo unigénito, para que todo aquel que en él cree, no se pierda, mas tenga vida eterna.

JUAN 3:16

En nuestros tiempos más felices no queremos morir. El deseo de morir surge solamente cuando nuestros sufrimientos parecen insoportables. Lo que realmente deseamos en esos tiempos no es la muerte, sino el alivio. Quisiéramos que volvieran los buenos tiempos. Quisiéramos que desapareciera el dolor. Quisiéramos ver a nuestro ser querido regresar de la tumba. Queremos vida y felicidad.

Nos engañamos cuando fantaseamos la muerte como el clímax de una vida bien vivida. La muerte es un enemigo que nos separa de los maravillosos placeres de este mundo. Llamamos a la muerte con dulces nombres como si fuera el menor de los males. Ese verdugo que da el *golpe de gracia* a nuestros sufrimientos no es la realización de un anhelo, sino el fin de la esperanza. El deseo del corazón humano es vivir y ser feliz.

Dios nos hizo en esa forma. «El ha puesto eternidad en el corazón del hombre» (Eclesiastés 3:11). Somos creados a la imagen de Dios y Dios ama la vida y vive para siempre. Estamos hechos para vivir para siempre. Y viviremos. Lo opuesto a la vida eterna no es la aniquilación. Es el infierno. Jesús habló de esto más que nadie, y dejó bien claro que rechazar la vida eterna que ofrece resulta no en la obliteración, sino en la desgracia de enfrentar la ira de Dios. «El que cree en el Hijo tiene vida eterna; pero el que rehúsa creer en el Hijo no verá la vida, sino que la ira de Dios está sobre él» (Juan 3:36).

Y permanece para siempre. Jesús dijo: «E irán estos irán al castigo eterno, y los justos a la vida terna» (Mateo 25:46). Esta es una inenarrable realidad que muestra la infinita maldad de tratar a Dios con indiferencia o desprecio. Por eso Jesús advierte: «Si tu ojo te fuere ocasión de caer, sácalo; mejor te es entrar en el reino de Dios con un ojo, que teniendo dos ojos ser echado al infierno, donde el gusano de ellos no muere, y el fuego nunca se apaga» (Marcos 9:47-48).

Así que la vida eterna no es meramente la extensión de esta vida con su mezcla de dolor y placer. Así como el infierno es el peor resultado de esta vida, la «vida eterna» es el mejor. La vida eterna es la suprema y aun creciente felicidad donde todo pecado y toda tristeza desaparecerán. Todo lo que sea malo y dañino en esta creación caída será eliminado. Todo lo que sea bueno —todo lo que traiga verdadera y perdurable felicidad— será preservado, purificado e intensificado.

Seremos cambiados de modo que seremos capaces de grados de felicidad inconcebibles para nosotros en esta vida. «Lo que ojo no vio ni oído escuchó, ni corazón de hombre imaginó… ha preparado Dios para los que lo aman» (1 Corintios 2:9). Esto es verdad cada momento de nuestra vida, ahora y siempre. Para aquellos que confían en Cristo lo mejor está aún por venir. Veremos la satisfaciente gloria de Dios. «Esta es la vida eterna, que te conozcan a ti, el único verdadero Dios y a Jesucristo, a quien tú has enviado» (Juan 17:3). Para esto Cristo sufrió y murió. ¿Por qué no lo abrazamos a Él como nuestro tesoro, y vivimos?

PARA REDIMIRNOS DEL
PRESENTE SIGLO MALO

Se dio a sí mismo por nuestros pecados para librarnos del presente siglo malo,
conforme a la voluntad de nuestro Dios y Padre.

G á l a t a s   1 : 4

Hasta que muramos, o hasta que Cristo regrese a establecer su reino, vivimos en «el presente siglo malo». Por consiguiente, cuando la Biblia dice que Cristo se dio a sí mismo para librarnos del «presente siglo malo», no quiere decir que nos sacará de este mundo, sino que nos librará del poder del mal que está en él. Jesús oró por nosotros del modo siguiente: «No te pido que los quites del mundo, sino que los libres del mal» (Juan 17:15).

Jesús oró que se nos librara «del mal» porque «el presente siglo malo» es una era en que a Satanás le es concedida libertad para engañar y destruir. La Biblia dice: «El mundo entero está bajo el maligno» (1 Juan 5:19). Este «maligno» es llamado «el dios de este siglo», y su principal objetivo es cegar a las personas para que no vean la verdad. «El dios de este siglo cegó el entendimiento de los incrédulos, para que no les resplandezca la luz del evangelio de la gloria de Cristo» (2 Corintios 4:4).

Hasta que despertemos de nuestra oscurecida condición espiritual, viviremos en sincronización con «el presente siglo malo» y el gobernante de ella. En otro tiempo anduvimos «siguiendo la corriente de este mundo, conforme al príncipe de la potestad del aire, el espíritu que ahora opera en los hijos de desobediencia» (Efesios 2:2). Sin saberlo, éramos lacayos del diablo. Lo que sentíamos como libertad era esclavitud. La Biblia habla directamente de los caprichos, diversiones y adicciones del siglo veintiuno cuando dice: «Les prometen libertad, y son ellos mismos esclavos de corrupción. Porque el que es vencido por alguno es hecho esclavo del que lo venció» (2 Pedro 2:19).

El grito resonante de libertad en la Biblia es, «No os conforméis a este siglo, sino transformaos por la renovación de vuestro entendimiento» (Romanos 12:2). En otras palabras, ¡sean libres! No se dejen engañar por los gurus de estos tiempos. Ellos están aquí hoy y se van mañana. Un capricho esclavizante sigue a otro. Treinta años a partir de ahora los tatuajes de hoy no serán marcas de libertad, sino indelebles recordatorios de conformidad.

La sabiduría de esta era es insensatez según la perspectiva de la eternidad. Por eso, «nadie se engañe a sí mismo; si alguno entre vosotros se cree sabio en este siglo, hágase ignorante, para que llegue a ser sabio. Porque la sabiduría de este mundo es insensatez para con Dios» (1 Corintios 3:18-19). ¿Qué, pues, es la sabiduría de Dios en esta era? Es la gran muerte liberadora de Jesucristo. Los primeros seguidores de Jesús decían: «Predicamos a Cristo crucificado … el poder de Dios y la sabiduría de Dios» (1 Corintios 1:23-24).

Cuando Jesuristo fue a la cruz, liberó a millones de cautivos. Desenmascaró el fraude del diablo y destruyó su poder. Eso es lo que Él quiso decir en vísperas de su crucifixión cuando dijo: «Ahora el príncipe de este mundo será echado fuera» (Juan 12:31). No sigamos a un enemigo derrotado. Sigamos a Cristo. Es costoso. Seremos proscritos en esta era. Pero seremos libres.

PARA RECONCILIARNOS CON DIOS

Porque si siendo enemigos fuimos reconciliados con Dios por la muerte de su Hijo, mucho más, estando reconciliados, seremos salvos por su vida.

ROMANOS 5:10

La reconciliación que es necesario que ocurra entre el hombre pecador y Dios tiene dos vías. Nuestra actitud hacia Dios debe cambiar de desafío a fe. Y la actitud de Dios hacia nosotros debe cambiar de ira a misericordia. Pero las dos no son iguales. Yo necesito la ayuda de Dios para cambiar; pero Dios no necesita la mía. Mi cambio tendrá que venir desde afuera de mí, pero el cambio de Dios se origina en su propia naturaleza. Lo que significa, sobre todo, que no es un cambio de parte de Dios en lo absoluto. Es la propia acción de Dios planificada para dejar de estar contra mí y estar a mi favor.

Las palabras sumamente importantes son «siendo enemigos». Fue entonces cuando «fuimos reconciliados con Dios por la muerte de su Hijo» (Romanos 5:10). Mientras éramos *enemigos*. En otras palabras, el primer «cambio» fue de Dios, no de nosotros. Nosotros éramos aún enemigos. No que estábamos conscientemente en son de guerra. La mayoría de la gente no son hostiles contra Dios conscientemente. La hostilidad se manifiesta más sutilmente en una quieta insubordinación e indiferencia. La Biblia lo describe así: «Los designios de la carne son enemistad contra Dios, porque no se sujetan a la ley de Dios, ni tampoco pueden» (Romanos 8:7).

Mientras estábamos aún en esa condición, Dios puso a Cristo por delante para sobrellevar nuestros pecados nacidos de la ira y hacer posible para él tratarnos sólo con misericordia. El primer acto de Dios al reconciliarnos con Él fue quitar el obstáculo que lo hacía irreconciliable, es decir, la culpabilidad por nuestro pecado tan ofensiva para Dios. «En Cristo Dios estaba reconciliando al mundo consigo mismo, no tomándoles en cuenta a los hombres sus pecados» (2 Corintios 5:19, NVI).

Cuando los embajadores de Cristo llevan este mensaje al mundo, dicen: «Os rogamos en nombre de Cristo: Reconciliaos con Dios» (2 Corintios 5:20). ¿Quieren solamente decir: Cambien de actitud respecto de Dios? No, también quieren decir: Reciban el previo trabajo de Dios en Cristo para reconciliarse Él con ustedes.

Considérese esta analogía de reconciliación entre los hombres. Jesús dijo: «Si traes tu ofrenda al altar, y allí te acuerdas que tu hermano tiene algo contra ti, deja allí tu ofrenda delante del altar, y anda, reconcíliate primero con tu hermano, y entonces ven y presenta tu ofrenda» (Mateo 5:23-24). Cuando dice, «Ve, reconcíliate con tu hermano», nótese que es el hermano quien debe cancelar su juicio. El hermano es quien «tiene algo contra ti», como Dios tiene algo contra nosotros. «Reconcíliate con tu hermano» quiere decir haz lo que debes para que el juicio de tu hermano contra ti sea cancelado.

Pero cuando oímos el evangelio de Cristo, encontramos que Dios ha hecho eso ya: El Señor dio los pasos que nosotros no podemos dar para cancelar el castigo divino. Envió a Cristo para sufrir en nuestro lugar. La decisiva reconciliación tuvo lugar «mientras éramos enemigos». La reconciliación de nuestra parte es simplemente recibir lo que Dios ya ha hecho, de la misma manera en que se recibe un regalo infinitamente valioso.

PARA LLEVARNOS A DIOS

También Cristo padeció una sola vez por los pecados,
el justo por los injustos, para llevarnos a Dios.
1 Pedro 3:18

Pero ahora en Cristo Jesús, vosotros que en otro tiempo estabais lejos,
habéis sido hechos cercanos por la sangre de Cristo.
Efesios 2:13

Al fin de cuentas, Dios es el evangelio. Evangelio significa «buenas noticias». El cristianismo no es primero teología, sino noticias. Es como cuando los prisioneros de guerra oyeron por una radio escondida que los aliados habían desembarcado y el rescate era cuestión de tiempo. Los guardias se preguntaban por qué todos estaban regocijados.

Pero ¿cuál es el supremo bien en las buenas noticias? Todo termina en una cosa: Dios mismo. Todas las palabras del evangelio conducen a Él, o no son el evangelio. Por ejemplo, la salvación no es buena noticia si solo salva del infierno y no lleva a Dios. El perdón no es buena noticia si solo nos alivia de la culpa y no abre el camino hacia Dios. La justificación no es buena noticia si solo nos hace legalmente aceptables a Dios pero no trae amistad con Dios. La redención no es buena noticia si solo nos libera de la servidumbre pero no nos lleva a Dios. La adopción no es buena noticia si solo nos coloca en la familia del Padre pero no en sus brazos.

Esto es crucial. Muchas personas parecen aceptar las buenas noticias sin aceptar a Dios. No existe prueba segura de que tenemos un nuevo corazón solo porque deseemos escapar del infierno. Ese es un deseo perfectamente natural. No es sobrenatural. No se necesita un nuevo corazón para desear el alivio psicológico del perdón, o la suspensión de la ira de Dios, o la herencia del mundo de Dios. Son deseos lógicos que no implican cambio espiritual alguno. Uno no necesita nacer otra vez para desear estas cosas. El diablo las desea.

No hay nada malo en desearlas. Realmente es una insensatez no quererlas. Pero la evidencia de que hemos sido cambiados es que deseamos estas cosas porque nos traen el gozo de Dios. Esto es lo más importante en cuanto a los motivos de la muerte de Cristo. «Cristo padeció una sola vez por los pecados, el justo por los injustos, *para llevarnos a Dios*» (1 Pedro 3:18).

¿Por qué es ésta la esencia de las buenas nuevas? Porque fuimos hechos para experimentar la plena y duradera felicidad de contemplar y saborear la gloria de Dios. Si nuestro gozo mejor viene de algo menor, somos idólatras y Dios es deshonrado. Él nos creó de tal manera que su gloria se manifieste a través de nuestro gozo en ella. El evangelio de Cristo es la buena noticia de que al costo de la vida de su Hijo, Dios ha hecho todo lo necesario para cautivarnos con lo que nos hará felices eternamente y en forma creciente: Él mismo.

Mucho antes de venir Cristo, Dios se reveló a sí mismo como la fuente de pleno y duradero placer. «Me mostrarás la senda de la vida. En tu presencia hay plenitud de gozo; delicias en tu diestra para siempre» (Salmo 16:11). Entonces Él envió a Cristo a sufrir «para que pudiera llevarnos a Dios». Esto quiere decir que envió a Cristo para llevarnos al gozo más profundo y prolongado que un humano puede tener. Oigamos entonces la invitación: Vuélvanse de «los deleites temporales del pecado» (Hebreos 11:25) y busquemos «placeres eternos». Busquemos a Cristo.

PARA QUE PODAMOS
PERTENECER A ÉL

También vosotros, hermanos míos, habéis muerto a la ley mediante el cuerpo de Cristo, para que seáis de otro, del que resucitó de los muertos.
ROMANOS 7:4

No sois vuestros, porque habéis sido comprados por precio.
1 CORINTIOS 6:19-20

[Apacentemos] la iglesia del Señor, la cual él ganó por su propia sangre.
HECHOS 20:28

Lo más importante no es *quiénes* somos, sino *de quién somos*. Por supuesto, muchas personas creen que no son esclavas de nadie Sueñan con la independencia total. Como una medusa llevada por las olas se siente libre porque no tiene las ataduras que tiene una barnacla.

Pero Jesús tenía un mensaje para las personas que pensaban de esa manera. Dijo: «Conoceréis la verdad, y la verdad os hará libres». Pero ellos respondieron: «Jamás hemos sido esclavos de nadie. ¿Cómo es que dices tú: Seréis libres? Jesús les respondió: De cierto, de cierto os digo, que todo aquel que hace pecado esclavo es del pecado» (Juan 8:32-34).

La Biblia no da categoría de real a los pecadores que se consideran con determinación propia. No existe autonomía en el mundo caído, Estamos gobernados por el pecado o gobernados por Dios. «Sois esclavos de aquel a quien obedecéis … Cuando erais esclavos del pecado, erais libres acerca de la justicia. Mas ahora … habéis sido libertados del pecado y hechos siervos de Dios» (Romanos 6:16, 20, 22).

La mayor parte del tiempo somos libres de hacer lo que deseamos. Pero no somos libres para desear lo que debemos. Para eso necesitamos un nuevo poder basado en una compra divina. El *poder* es de Dios. Por eso es que la Biblia dice: «Pero gracias a Dios, que aunque erais esclavos del pecado, habéis obedecido de corazón» (Romanos 6:17). Dios es el único que puede concederles que se arrepientan para conocer la verdad, y escapen del lazo del diablo, en que están cautivos a voluntad de él (2 Timoteo 2:25-26).

Y la *compra* que desata ese poder es la muerte de Cristo. «No sois vuestros, porque habéis sido comprados por precio (1 Corintios 6:19-20). ¿Y qué precio pagó Cristo por los que confían en Él? «Los ganó con su propia sangre» (Hechos 20:28).

Ahora sí somos libres. No para ser autónomos, sino para desear lo que es bueno. Un nuevo método de vida se abre ante nosotros cuando la muerte de Cristo llega a ser la muerte de nuestro viejo yo. La relación con el Cristo vivo reemplaza las reglas. Y la libertad de producir frutos reemplaza la esclavitud de la ley. «Vosotros, hermanos míos, habéis muerto a la ley mediante el cuerpo de Cristo, para que seáis de otro, del que resucitó de los muertos, a fin de que llevemos fruto para Dios» (Romanos 7:4).

Cristo sufrió y murió para que pudiéramos estar libres de la ley y el pecado, y pertenecer a Él. Aquí es donde la obediencia deja de ser una carga y se convierte en la libertad de llevar fruto. Recuerde, no nos pertenecemos. ¿De quién es usted? Si es de Cristo, acérquese entonces y sea de Él.

PARA DARNOS SEGURO ACCESO AL LUGAR SANTÍSIMO

*Así que, hermanos, teniendo libertad para entrar en el Lugar Santísimo
por la sangre de Jesucristo…*
Hebreos 10:19

Uno de los grandes misterios en el Antiguo Testamento fue el significado de la tienda de campaña que Israel utilizaba para la adoración llamada «tabernáculo». El misterio se insinuó pero no se hizo claro. Cuando el pueblo de Israel salió de Egipto y llegó al Monte Sinaí, Dios dio detalladas instrucciones a Moisés sobre cómo construir esta tienda de campaña de adoración con todas sus partes y mobiliario. La parte misteriosa acerca de esto fue el siguiente mandato: «Mira y hazlos conforme al modelo que te ha sido mostrado en el monte» (Éxodo 25:40).

Cuando Cristo vino al mundo 1.400 años más tarde, se reveló en forma más completa que este «modelo», porque el viejo tabernáculo era una «copia» o una «sombra» de las realidades en el cielo. El tabernáculo fue una figura terrenal de una realidad celestial. Así, pues, en el Nuevo Testamento leemos esto: «[Los sacerdotes] sirven a lo que es figura y sombra de las cosas celestiales, como se le advirtió a Moisés cuando iba a erigir el tabernáculo, diciéndole: Mira, haz todas las cosas conforme al modelo que se te ha mostrado en el monte» (Hebreos 8:5).

De modo que todas las prácticas del culto de Israel en el Antiguo Testamento señalan hacia algo más real. Así como había lugares santos en el tabernáculo, donde el sacerdote repetidamente manejaba la sangre del sacrificio de los animales y se reunía con Dios, así hay «lugares santos» infinitamente superiores a aquellos en el cielo, donde Cristo entró con su propia sangre, no repetidamente, sino una vez por todas.

Pero estando ya presente Cristo, sumo sacerdote de los bienes venideros, por el más amplio y más perfecto tabernáculo, no hecho de manos, es decir, no de esta creación, y no por sangre de machos cabríos ni de becerros, sino por su propia sangre, entró una vez para siempre en el Lugar Santísimo, habiendo obtenido eterna redención (Hebreos 9:11-12).

La implicación de esto para nosotros es que la vía está ahora abierta para que podamos ir con Cristo a todos los lugares santísimos de la presencia de Dios. Antiguamente solo los sacerdotes judíos podían entrar en la «copia» y «sombra» de estos lugares. Solo el sumo sacerdote podía ir una vez al año dentro del Lugar Santísimo donde la gloria de Dios aparecía (Hebreos 9:7). Había una cortina prohibitoria que protegía el lugar de la gloria. La Biblia nos dice que cuando Cristo expiró en la cruz, «el velo del templo se rasgó en dos, de arriba abajo. Y la tierra tembló y las rocas se partieron» (Mateo 27:51).

¿Qué significaba eso? La interpretación nos es dada en estas palabras: «[Tenemos] libertad para entrar en el Lugar Santísimo por la sangre de Jesucristo, por el camino nuevo y vivo que él nos abrió a través del velo, esto es, de su carne» (Hebreos 10:19-20). Sin Cristo, la santidad de Dios tenía que protegerse de nosotros. El habría sido deshonrado, y nosotros habríamos sido consumidos a causa de nuestro pecado. Pero ahora, gracias a Cristo, , podemos acercanos y festejar nuestros corazones en la plenitud de la flamígera hermosura de la santidad de Dios. Él no será deshonrado. Nosotros no seremos consumidos. Porque por el todo protector Cristo, Dios será honrado, y nosotros permaneceremos en admiración reverente para siempre. Por consiguiente, no temamos ir a Él. Pero hagámoslo por medio de Cristo.

PARA CONVERTIRSE
PARA NOSOTROS EL LUGAR DONDE
NOS REUNIMOS CON DIOS

Respondió Jesús y les dijo: Destruid este templo, y en tres días lo levantaré.
Dijeron luego los judíos: En cuarenta y seis años fue edificado este templo,
¿y tú en tres días lo levantarás? Mas él hablaba del templo de su cuerpo.
Juan 2:19-21

Mátenme, y me convertiré en el centro mundial de reunión con Dios». Esa es la manera en que yo haría la paráfrasis de Juan 2:19-21. Ellos pensaron que Jesús se refería al templo de Jerusalén. «Destruid este templo, y en tres días lo levantaré». Pero se refería a su cuerpo.

¿Por qué Jesús estableció la conexión entre el templo judío y su propio cuerpo? Porque Él vino a tomar el lugar del templo como sitio de reunión con Dios. Con la venida del Hijo de Dios en carne humana, el ritual y la adoración experimentarían profundo cambio. Cristo mismo llegaría a ser el final cordero de la Pascua, el sacerdote final, el templo final. Todos ellos pasarían, pero él permanecería.

Lo que quedó sería infinitamente mejor. Refiriéndose a Él mismo, Jesús dijo: «Os digo, uno mayor que el templo está aquí» (Mateo 12:6). El templo llegó a ser la morada de Dios en tiempos excepcionales, cuando la gloria de Dios llenó el santo lugar. Pero de Cristo la Biblia dice: «Porque en él habita corporalmente toda la plenitud de la Deidad» (Colosenses 2:9). La presencia de Dios no va y viene en Jesús. Él es Dios, y donde nos encontramos con Él encontramos a Dios.

Dios se reunió con las personas en el templo a través de muchos imperfectos mediadores humanos. Pero ahora se dice de Cristo: «Hay un solo Dios, y un solo mediador entre Dios y los hombres, Jesucristo hombre» (1 Timoteo 2:5). Si queremos reunimos con Dios en adoración, hay un solo lugar adonde debemos ir: a Jesucristo. El cristianismo no tiene centro geográfico como el islamismo y el judaísmo.

Una vez, cuando Cristo confrontó a una mujer con su adulterio, esta cambió el tema y dijo: «Nuestros padres adoraron en este monte, y vosotros decís que en Jerusalén es el lugar donde se debe adorar». Jesús la siguió en su digresión : «Mujer, ... la hora viene cuando ni en este monte ni en Jerusalén adoraréis al Padre». La geografía no es lo importante. ¿Qué es lo importante? «La hora viene, y ahora es», continuó Jesús, «cuando los verdaderos adoradores adorarán al Padre en espíritu y en verdad» (Juan 4:20-23).

Jesús cambia de categoría completamente. Ni en este monte ni en esta ciudad, sino en Espíritu y en verdad. Él vino al mundo para ampliar las limitaciones geográficas. No hay templo ahora. Jerusalén no es el centro. Cristo lo es. ¿Queremos ver a Dios? Jesús dice: «Cualquiera que me ha visto ha visto al Padre» (Juan 14:9). ¿Queremos recibir a Dios? Jesús dice. «El que me recibe a mí, recibe al que me envió» (Mateo 10:40). ¿Queremos tener la presencia de Dios en la adoración? La Biblia dice: «El que confiesa al Hijo tiene también al Padre» (1 Juan 2:23). ¿Queremos honrar al Padre? Jesús dice: «El que no honra al Hijo, no honra al Padre que lo envió» (Juan 5:23).

Cuando Cristo murió y resucitó, el viejo templo fue reemplazado por el Cristo mundialmente accesible. Puedes ir a él sin mover un músculo. Él está tan cerca como la fe.

PARA PONER FIN AL SACERDOCIO DEL ANTIGUO TESTAMENTO Y CONVERTIRSE EN EL SUMO SACERDOTE ETERNO

*Y los otros sacerdotes … por la muerte no podían continuar; mas éste,
por cuanto permanece para siempre, tiene un sacerdocio inmutable;
por lo cual puede también salvar perpetuamente a los que por él se acercan
a Dios, viviendo siempre para interceder por ellos. … [Jesucristo]
no tiene necesidad cada día, como aquellos sumos sacerdotes, de ofrecer
primero sacrificios por sus propios pecados, y luego por los del pueblo;
porque esto lo hizo una vez para siempre, ofreciéndose a sí mismo.*

Hebreos 7:23-27

*Cristo [entró] en el santuario hecho de mano, figura del verdadero, sino en el
cielo mismo para presentarse ahora por nosotros ante Dios; y no para ofrecerse
muchas veces, como entra el sumo sacerdote en el Lugar Santísimo cada año con
sangre ajena. De otra manera le hubiera sido necesario padecer muchas veces
desde el principio del mundo; pero ahora, en la consumación de los siglos, se
presentó una vez para siempre por el sacrificio de sí mismo para quitar de en
medio el pecado.*

Hebreos 9:24-26

*Todo sacerdote está día tras día ministrando y ofreciendo muchas veces los
mismos sacrificios, que nunca pueden quitar los pecados; pero Cristo, habiendo
ofrecido una vez para siempre un solo sacrificio por los pecados, se ha sentado a
la diestra de Dios.*

Hebreos 10:11-12

Una de las más grandes frases de la verdad cristiana es «una vez por todas». Viene de la palabra griega (*ephapax*) y quiere decir «una vez para siempre». Significa que algo sucedió que fue decisivo.

El acto logró tanto que no es necesario que se repita jamás. Todo esfuerzo por repetirlo podría desacreditar el logro que tuvo lugar «una vez para siempre».

Era una sombría realidad que año tras año los sacerdotes de Israel tuvieran que ofrecer sacrificios de animales por sus propios pecados y por los pecados del pueblo. Yo no quiero decir que no hubiera perdón. Dios estableció estos sacrificios para el alivio de su pueblo. La gente pecaba y necesitaba un sustituto que sufriera su castigo. Fue por misericordia que Dios aceptó el ministerio de sacerdotes pecadores y animales sustitutos.

Pero había un lado oscuro en esto. Tenía que realizarse una y otra vez. La Biblia dice: «Pero en estos sacrificios cada año se hace memoria de los pecados» (Hebreos 10:3). El pueblo sabía que cuando ellos ponían las manos sobre la cabeza de un toro para transferir sus pecados al animal, después tendría que hacerse otra vez. Ningún animal sería suficiente para sufrir por los pecados humanos. Los sacerdotes pecadores tenían que sacrificar por sus propios pecados. Los sacerdotes mortales tenían que ser reemplazados. Los toros y los machos cabríos no tenían vida moral y no podían llevar la culpa del hombre. «La sangre de los toros y los machos cabríos no puede quitar los pecados» (Hebreos 10:4).

Pero había un ribete de plata en esta nube de insuficiencia sacerdotal. Si Dios honraba aquellas cosas inadecuadas, ello sería porque un día enviaría a un siervo calificado para completar lo que aquellos sacerdotes no podían realizar: erradicar el pecado una vez por todas.

Eso es lo que Cristo es. Jesús vino a ser el Sacerdote definitivo y el Sacrificio definitivo. *Inmaculado*, no ofreció sacrificios por Él mismo. *Inmortal*, nunca tiene que ser reemplazado. *Humano*, podía llevar los pecados humanos. Por lo tanto, no ofreció sacrificios por sí mismo; se ofreció a sí mismo como el sacrificio definitivo. Nunca habrá necesidad de otro. Hay un mediador entre nosotros y Dios. Un sacerdote. No necesitamos otro. Felices aquellos que se acercan a Dios solo a través de Cristo.

PARA SER UN SACERDOTE COMPASIVO Y COMPETENTE

Porque no tenemos un sumo sacerdote que no pueda compadecerse de nuestras debilidades, sino uno que fue tentado en todo según nuestra semejanza, pero sin pecado. Acerquémonos, pues, confiadamente al trono de la gracia, para alcanzar misericordia y hallar gracia para el oportuno socorro.

Hebreos 4:15-16

Cristo llegó a ser nuestro Sacerdote por el sacrificio de sí mismo en la cruz (Hebreos 9:26). Es nuestro intermediario ante Dios. Su obediencia y sufrimiento fueron tan perfectos que Dios no lo rechazó. Por consiguiente, si vamos a Dios por su intermedio, Dios no nos rechazará tampoco.

Pero esto resulta mejor aún. En el camino a la cruz por treinta años, Cristo fue tentado como todo ser humano es tentado. Es cierto, nunca pecó. Pero hay personas de talento que han señalado que esto significa que sus tentaciones fueron más fuertes que las nuestras, no más débiles. Si una persona accede a la tentación, nunca alcanza la más plena y prolongada presión. Capitulamos cuando la presión sigue creciendo. Pero Jesús no. Nuestro Señor soportó toda la presión hasta el fin y nunca cedió. Él sabe lo que es la tentación en su máxima expresión.

Una vida de tentación que alcanzó su clímax en medio de abuso y abandono espectaculares le dio a Jesús una capacidad sin paralelo para compadecer a las personas que son tentadas y que sufren. Nadie jamás ha sufrido más. Nadie ha soportado más abuso. Y nadie jamás lo ha merecido menos ni tuvo más derecho de devolver golpe por golpe. Pero el apóstol Pedro dijo: «El cual no hizo pecado, ni se halló engaño en su boca; quien cuando le maldecían no respondía con maldición; cuando padecía, no amenazaba, sino encomendaba la causa al que juzga justamente» (1 Pedro 2:22-23).

Por consiguiente, la Biblia dice que Él puede «compadecerse de nuestras debilidades» (Hebreos 4:15). Esto es maravilloso. El resucitado Hijo de Dios, que está en el cielo a la diestra de Dios con toda autoridad sobre el universo, siente lo que nosotros sentimos cuando nos acercamos a Él en pesar o dolor, o acosados por las promesas de un placer pecaminoso.

¿Qué diferencia hace esto? La Biblia responde estableciendo una conexión entre la compasión de Jesús y nuestra confianza en la oración. Dice que puesto que Él es capaz de «compadecerse de nuestras debilidades… [*por consiguiente* nosotros debemos] con confianza acercarnos al trono de gracia, para que podamos recibir misericordia y hallar gracia para el oportuno socorro» (Hebreos 4:15-16).

Evidentemente, la idea es la siguiente: Nosotros probablemente no vamos a sentirnos bien recibidos en la presencia de Dios si llegamos ante Él con nuestras luchas. Percibimos la pureza y perfección de Dios tan profundamente que todo lo nuestro parece inapropiado en su presencia. Pero entonces recordamos que Jesús es «compasivo». Él está con nosotros, no contra nosotros. Esta conciencia de la compasión de Cristo nos llena de valor para acercárnosle. Él conoce nuestro clamor. Él probó nuestra lucha. Él nos invita a acudir con confianza cuando sentimos nuestra necesidad.

PARA LIBRARNOS DE LA FUTILIDAD
DE NUESTRO LINAJE

Fuisteis rescatados de vuestra vana manera de vivir, la cual recibisteis de vuestros padres, no con cosas corruptibles, como oro o plata, sino con la sangre preciosa de Cristo, como de un cordero sin mancha y sin contaminación.

1 Pedro 1:18-19

El pueblo secular en Occidente, y los pueblos más primitivos en tribus animistas, tienen esto en común: creen en el poder de los lazos ancestrales. Lo llaman por diferentes nombres. Los pueblos animistas pueden hablar en términos de espíritus ancestrales y transmisión de maldiciones. Las personas que no son religiosas pueden hablar de influencia genética o de la herida de familiares abusadores, egoístas y emocionalmente distantes. En ambos casos hay un sentido de fatalismo según el cual estamos obligados a vivir con la maldición o las heridas de nuestros antecesores. El futuro parece fútil y vacío de felicidad.

Cuando la Biblia dice, «fuisteis rescatados de vuestras vanas maneras de vivir, la cual recibisteis de vuestros padres», se está refiriendo al modo de vida vacío, insensato, infructuoso que termina en la destrucción. Dice que estas «maneras vanas» están conectadas con nuestros antepasados, pero no dice cómo. La cuestión crucial es notar cómo somos liberados del lazo de esa futilidad. El poder del libertador define la extensión de la liberación.

La liberación de la esclavitud ancestral tiene lugar «no con cosas corruptibles como oro o plata». La plata y el oro representan las cosas más valiosas con que pudiera pagarse nuestro rescate. Pero todos nosotros sabemos que son inútiles. Las personas más ricas son a menudo las más esclavizadas por la futilidad. Un jefe tribal rico puede ser atormentado por el miedo a un hechizo ancestral en su vida. Un presidente de una próspera compañía puede ser arrastrado por fuerzas inconscientes de su trasfondo que arruinan su matrimonio y sus hijos.

La plata y el oro no tienen poder para ayudar. El sufrimiento y la muerte de Jesús proveen lo que es necesario: ni oro ni plata, sino «la preciosa sangre de Cristo, como la de un cordero sin mancha y sin contaminación». Cuando Cristo murió, Dios tenía un propósito respecto a la relación entre nosotros y nuestros antepasados. Quería libertarnos de la futilidad que habíamos heredado de ellos. Esta es una de las grandes razones de la muerte de Cristo.

Ningún hechizo puede prevalecer contra ti, si tus pecados son todos perdonados, estás revestido con la justicia de Cristo y has sido rescatado por el amoroso Creador del universo. Los sufrimientos y la muerte de Jesús son la razón final por lo que la Biblia dice del pueblo de Dios: «Contra Jacob no hay agüero, ni adivinación contra Israel» (Números 23:23). Cuando Jesús murió, compró todas las bendiciones del cielo para todo el que confía en Él. Y cuando Jesús bendice, nadie puede maldecirnos.

Y ninguna herida causada por un padre está fuera del alcance del poder sanador de Jesús. El rescate sanador es «la preciosa sangre de Jesús». La palabra «preciosa» denota infinito valor. Por eso el rescate es infinitamente liberador. No hay esclavitud que pueda prevalecer contra esto. Por consiguiente, vamos a dejar la plata y el oro y echar mano al regalo de Dios.

PARA LIBRARNOS DE LA ESCLAVITUD DEL PECADO

Al que nos amó, y nos lavó de nuestros pecados con su sangre, y nos hizo reyes y sacerdotes para Dios, su Padre; a él sea gloria e imperio por los siglos de los siglos.
Apocalipsis 1:5-6

También Jesús, para santificar al pueblo mediante su propia sangre, padeció fuera de la puerta.
Hebreos 13:12

El pecado nos arruina de dos maneras. Nos hace culpables ante Dios, de modo que merecemos su justa condenación; y nos afea en nuestra conducta, de modo que desfiguramos la imagen de Dios que intentamos reflejar. Nos condena con la culpa y nos esclaviza al desamor.

La sangre de Jesús nos libera de ambas miserias. Satisface la justicia de Dios de modo que nuestros pecados pueden ser justamente perdonados. Y derrota el poder del pecado para hacernos esclavos del desamor. Hemos visto cómo Cristo absorbe la ira de Dios y erradica nuestra culpa. Pero ahora, ¿cómo la sangre de Cristo nos libera de la esclavitud del pecado?

La respuesta no es que Él sea un poderoso ejemplo para nosotros y nos inspire a liberarnos nosotros mismos de nuestro egoísmo. Claro, Jesús es un ejemplo para nosotros. Y uno muy poderoso. Claramente quiso decirnos que lo imitásemos. «Un mandamiento nuevo os doy: que os améis unos a otros; como yo os he amado que también os améis unos a otros» (Juan 13:34). Pero el llamado a la imitación no es el poder que libera. Hay algo más profundo.

El pecado es una influencia tan poderosa en nuestras vidas que debemos ser liberados por el poder de Dios, no por el poder de nuestra voluntad. Pero puesto que somos pecadores, debemos preguntar: ¿Está el poder de Dios dirigido hacia nuestra liberación o hacia nuestra condenación? Aquí es donde entra el sufrimiento de Cristo. Cuando Cristo murió para erradicar nuestra condenación, Él como que abrió la válvula de la poderosa misericordia celestial para que fluyera a favor de nuestra liberación del poder del pecado. En otras palabras, el rescate de la *culpa* del pecado y la ira de Dios tenía que preceder al rescate del *poder* del pecado por la misericordia de Dios. Las cruciales palabras bíblicas para decir esto son: La *justificación* precede y asegura la *santificación*. Ellas son diferentes. Una es una instantánea declaración (¡no culpable!); la otra es una transformación progresiva.

Ahora, para aquellos que confían en Cristo, el poder de Dios no está al servicio de su ira condenatoria, sino de su misericordia liberadora. Dios nos da este poder para cambiar a través de la persona del Espíritu Santo. Es por eso que esas bellezas que son el amor, el gozo, la paz, la paciencia, la amabilidad, la bondad, la fidelidad, la gentileza, el dominio propio son llamadas «el fruto del Espíritu» (Gálatas 5:22-23). Por eso es que la Biblia puede hacer la asombrosa promesa: «El pecado no se enseñoreará sobre vosotros, pues no estáis bajo la ley, sino bajo la gracia» (Romanos 6:14). Estar «bajo la gracia» asegura el omnipresente poder de Dios para destruir nuestro desamor (no todo al instante, sino progresivamente). No somos pasivos en la derrota de nuestro egoísmo, pero tampoco suministramos el poder decisivo. Es la gracia de Dios. De aquí que el gran apóstol Pablo dijera: «He trabajado más que todos ellos, pero no yo, sino la gracia de Dios conmigo» (1 Corintios 15:10). Quiera el Dios de toda gracia, por la fe en Cristo, librarnos tanto de la culpa como de la esclavitud del pecado.

PARA QUE PUDIÉRAMOS MORIR AL PECADO Y VIVIR A LA JUSTICIA

Él mismo llevó nuestros pecados en su cuerpo sobre el madero, para que nosotros, estando muertos a los pecados, vivamos a la justicia.

1 Pedro 2:24

Por extraño que parezca, la muerte de Cristo en nuestro lugar y por nuestros pecados significa que *nosotros* morimos. Podríamos pensar que teniendo un sustituto que muere en nuestro lugar, escapamos a la muerte. Y claro que escapamos a la muerte, la muerte eterna de miseria interminable y separación de Dios. Jesús dijo: «Yo les doy vida eterna, y no *perecerán jamás*» (Juan 10:28). «Todo aquel que vive y cree en mí, *no morirá eternamente*» (Juan 11:26). La muerte de Jesús realmente significa que todo aquél que en él cree, *no se pierde*, sino que tiene vida eterna (Juan 3:16).

Pero hay otro sentido en el cual morimos precisamente porque Cristo murió en nuestro lugar y por nuestros pecados. «Él mismo [llevó] nuestros pecados en su cuerpo sobre el madero, para que nosotros, estando muertos…» (1 Pedro 2:24). Él murió para que pudiéramos vivir; y Él murió para que pudiéramos morir. Cuando Cristo murió, yo, como creyente en Cristo, morí con él. La Biblia es bien clara: «Fuimos plantados juntamente con él en la semejanza de su muerte» (Romanos 6:5). «Uno murió por todos, luego todos murieron» (2 Corintios 5:14).

La fe es la evidencia de estar unidos a Cristo de esta profunda manera. Los creyentes han sido crucificados con Cristo (Gálatas 2:20). Reflexionamos sobre su muerte y sabemos que, en la mente de Dios, estábamos allí. Nuestros pecados estaban sobre Él, y la muerte que merecíamos estaba ocurriendo en Él. El bautismo significa esa muerte con Cristo. «Fuimos sepultados… con él para muerte por el bautismo» (Romanos 6:4). El agua es como una tumba. La inmersión simboliza la muerte. Salir del agua simboliza salir a una nueva vida. Y todo esto es una representación de lo que Dios está haciendo «por medio de la fe». «[Hemos sido] sepultados con él en el bautismo, en el cual [fuimos] también resucitados con él mediante la fe *en el poder de Dios*» (Colosenses 2:12).

El hecho de que morimos con Cristo está vinculado directamente a su muerte por nuestro pecado. «Él mismo llevó nuestros pecados» Esto quiere decir que cuando abrazamos a Jesús como Salvador, abrazamos nuestra propia muerte como pecadores. Nuestro pecado llevó a Jesús a la tumba y nos llevó a nosotros allí con Él. La fe ve al pecado como un asesino. Mató a Jesús y nos mató a nosotros.

Por tanto, hacerse cristiano significa morir al pecado. El viejo ser que amaba el pecado murió con Jesús. El pecado es como una prostituta que ya no luce hermosa. Es la asesina de mi Rey y de nosotros. Por consiguiente, el creyente está muerto al pecado, nunca más dominado por sus atractivos. El pecado, la prostituta que mató a nuestro amigo, no tiene atractivo. Ella ha venido a ser una enemiga.

Nuestra nueva vida está ahora movida por la justicia. «Él mismo llevó nuestros pecados en su cuerpo sobre el madero, para que nosotros … *vivamos a la justicia*» (1 Pedro 2:24). La hermosura de Cristo, quien me amó y se dio a sí mismo por mí, es el deseo de mi alma. Y su hermosura es perfecta justicia. El mandamiento que ahora me encanta obedecer es éste (y yo te invito a seguirme). «Presentaos vosotros mismos a Dios como vivos de entre los muertos, y vuestros miembros a Dios como instrumentos de justicia» (Romanos 6:13).

PARA QUE MURIÉSEMOS A LA LEY Y LLEVEMOS FRUTOS PARA DIOS

Habéis muerto a la ley mediante el cuerpo de Cristo, para que seáis de otro,
del que resucitó de los muertos, a fin de que llevemos fruto para Dios.
R o m a n o s   7 : 4

Cuando Cristo murió por nosotros, nosotros morimos con él. Dios nos miró a nosotros los creyentes como unidos a Cristo. Su muerte por nuestro pecado fue nuestra muerte en Él. (Véase el capítulo anterior.) Pero el pecado no fue la única realidad que mató a Jesús y nos mató a nosotros. También lo fue la ley de Dios. Cuando violamos la ley pecando, la ley nos sentencia a muerte. Si no hubiera ley, no habría castigo. «Pues … donde no hay ley, tampoco hay transgresión» (Romanos 4:15). Pero «todo lo que la ley dice, lo dice a los que están bajo la ley , para que … todo el mundo quede bajo el juicio de Dios» (Romanos 3:19).

No había escapatoria de la maldición de la ley. Esta era justa, nosotros éramos culpables. Había solo una manera de ser libre: Alguien tenía que pagar el castigo. Por eso Jesús vino: «Cristo nos redimió de la maldición de la ley, hecho por nosotros maldición» (Gálatas 3:13).

Por tanto, la ley de Dios no puede condenarnos si estamos en Cristo. El poder que tenía para gobernarnos está doblemente roto. Por un lado, las demandas de la ley han sido cumplidas por Cristo a nuestro favor. Su perfecto cumplimiento de la ley está acreditado a nuestra cuenta (véase capítulo 11). Por otra parte, la penalidad de la ley ha sido pagada por la sangre de Cristo.

Es por eso que la Biblia tan claramente enseña que el estar a bien con Dios no se basa en guardar la ley. «Por las obras de la ley ningún ser humano será justificado delante de él» (Romanos 3:20). «El hombre no es justificado por las obras de la ley, sino por la fe de Jesucristo» (Gálatas 2:16). No hay esperanza de estar con Dios por guardar la ley. La única esperanza es la sangre y la justicia de Cristo, que son nuestras solamente por fe. «Sostenemos que todos somos justificados por la fe, y no por las obras que la ley exige» (Romanos 3:28, NVI).

¿Cómo entonces agradar a Dios, si estamos muertos a su ley y ya no es nuestra maestra? ¿No es la ley la expresión de la buena y santa voluntad de Dios? (Romanos 7:12). La respuesta bíblica es que en lugar de pertenecer a la ley, que exige y condena, pertenecemos ahora a Cristo quien demanda y da. Antes, la justicia nos era exigida desde afuera en cartas escritas en piedra. Pero ahora la justicia surge dentro de nosotros como un anhelo en nuestra relación con Cristo. Él es presente y real. Por su Espíritu nos ayuda en nuestra debilidad. Un ser viviente ha reemplazado una lista letal. «La letra mata, pero el Espíritu vivifica» (2 Corintios 3:6; véase el capítulo 14).

Por eso es que la Biblia dice que la nueva forma de obediencia es productora de fruto, y no el guardadora de leyes. «Hermanos míos, habéis muerto a la ley mediante el cuerpo de Cristo, para que seáis de otro, del que resucitó de los muertos, a fin de que llevemos fruto para Dios» (Romanos 7:4). Hemos muerto a la observancia de la ley, de suerte que podamos vivir llevando frutos. El fruto crece naturalmente en un árbol. Si el árbol es bueno, el fruto será bueno. Y el árbol, en este caso, es una viva relación de amor con Cristo Jesús. Para esto Él murió. Ahora Él nos exhorta: «Confía en mí. Muere a la ley, para que puedas dar frutos de amor».

PARA QUE PODAMOS VIVIR PARA CRISTO Y NO PARA NOSOTROS

Por todos murió, para que los que viven, ya no vivan para sí,
sino para aquel que murió y resucitó por ellos.
2 Corintios 5:15

Confunde a muchas personas el que Cristo murió para exaltar a Cristo. Traducido a su verdadero significado, 2 Corintios 5:15 dice que Cristo murió por nosotros para que podamos vivir para Él. En otras palabras, murió por nosotros para que lo tengamos en alto. Dicho sin rodeos, Cristo murió por Cristo.

Ahora eso es cierto. No es un juego de palabras. La misma esencia del pecado es que hemos dejado de glorificar a Dios, lo que incluye dejar de glorificar a su Hijo (Romanos 3:23). Pero Cristo murió para llevar ese pecado y para liberarnos del mismo. De modo que murió para llevar el deshonor que nosotros habíamos amontonado sobre Él por nuestro pecado. Él murió para cambiar esto. Cristo murió para la gloria de Cristo,

La razón de que esto confunde a las personas es que suena a vanidad. No parece como algo que por amor se hace. Parece convertir el sufrimiento de Cristo en todo lo opuesto a lo que dice la Biblia que es: el supremo acto de amor. Pero en realidad es ambas cosas. El que Cristo murió por su propia gloria y que murió para mostrar amor no solamente son *verdades*, sino que son *la misma cosa*.

Cristo es único. Nadie más puede actuar en esta forma y llamarlo amor. Cristo es el único ser humano en el universo que es también Dios y por tanto infinitamente valioso. Él es infinitamente hermoso en todas sus perfecciones morales. Él es infinitamente sabio, justo, bueno y fuerte. «Él es el resplandor de su gloria [la gloria de Dios] y la imagen misma de su sustancia» (Hebreos 1:3). Verlo y conocerlo es más satisfactorio que poseer todo lo que la tierra pueda ofrecer.

Los que lo han conocido mejor hablan de esta manera:

Pero cuantas cosas eran para mí ganancia, las he estimado como pérdida por amor de Cristo. Y ciertamente, aun estimo todas las cosas como pérdida por la excelencia del conocimiento de Cristo Jesús, mi Señor, por amor del cual lo he perdido todo, y lo tengo por basura, para ganar a Cristo (Filipenses 3:7-8).

El que Cristo murió para «que pudiéramos vivir para él» no quiere decir «que pudiéramos ayudarlo» «[Dios no es] honrado por manos humanas, como si necesitara de algo» (Hechos 17:25, NVI). Tampoco lo es Cristo: «El Hijo del Hombre no vino para ser servido, sino para servir y para dar su vida en rescate por muchos» (Marcos 10:45). Así que Cristo murió no para que pudiéramos ayudarlo, sino para que pudiéramos verlo y apreciarlo en su infinito valor. Murió para alejarnos de placeres mortales y hechizarnos con el deleite de su hermosura. En esta forma Él nos ama y recibe honra. Estas no son metas que rivalizan. Son la misma meta.

Jesús dijo a sus discípulos que tenía que irse para poder enviar al Espíritu Santo, el Consolador (Juan 16:7). Entonces les dijo qué haría el Consolador cuando viniese: «Él me glorificará» (Juan 16:14). Cristo murió y resucitó para que pudiésemos verlo y magnificarlo. Esta es la mayor ayuda en el mundo. Esto es amor. La oración más amorosa que Jesús jamás hizo fue esta: «Padre, aquellos que me has dado, quiero que donde yo estoy, también ellos estén conmigo para que vean mi gloria» (Juan 17:24). Por esto Cristo murió. Esto es amor: sufrir para darnos gozo eterno, o sea, a sí mismo.

PARA HACER DE SU CRUZ LA BASE
SOBRE LA CUAL NOS GLORIAMOS

Lejos esté de mí gloriarme, sino en la cruz de nuestro Señor Jesucristo,
por quien el mundo me es crucificado a mí, y yo al mundo.

Gálatas 6:14

Esto parece ir demasiado lejos. ¡Gloriarse sólo en la cruz! ¡Realmente? ¿Literalmente sólo en la cruz? Aun la Biblia habla sobre otras cosas en qué gloriarnos. Gloriarse en la gloria de Dios (Romanos 5:2). Gloriarse en nuestras tribulaciones (Romanos 5:3). Gloriarse en nuestras debilidades (2 Corintios 12:9). Gloriarse en el pueblo de Cristo (1 Tesalonicenses 2:19). ¿Qué quiere decir «sino» aquí?

Quiere decir que las demás formas de gloriarse deben ser un gloriarse en la cruz. Si nos gloriamos en la esperanza de gloria, ese gloriarnos debe ser gloriarnos en la cruz de Cristo. Si nos gloriamos en el pueblo de Cristo, ese mismo gloriarnos debe ser un gloriarnos en la cruz. Gloriarse «sino en la cruz» quiere decir que solo la cruz hace posible gloriarse uno legítimamente de otras cosas, y cada gloriarse legítimo debe, por consiguiente, honrar la cruz.

¿Por qué? Porque toda cosa buena —realmente, aun toda cosa mala que Dios encamina a lo bueno— la obtuvo para nosotros la cruz de Cristo. Aparte de la fe en Cristo, los pecadores obtienen solamente juicio. Sí, hay muchas cosas buenas que reciben los incrédulos.

Pero la Biblia enseña que aun esas bendiciones naturales de la vida solo incrementarán la severidad del juicio de Dios a la postre, si no las reciben con gratitud sobre la base de los sufrimientos de Cristo (Romanos 2:4-5).

Por lo tanto, todo lo que gozamos, como pueblo que confía en Cristo, se debe a su muerte. Su sufrimiento absorbió todo el juicio que los pecadores culpables merecieron y compró todo lo bueno que los pecadores perdonados gozan. Por consiguiente todo nuestro gloriarnos en estas cosas debe ser un gloriarnos en la cruz de Cristo. No somos tan cristocéntricos y estimadores de la cruz como deberíamos ser, porque no consideramos la verdad de que todo lo bueno, y también todo lo malo que Dios encamina para bien, fue comprado con el sufrimiento de Cristo.

¿Y cómo llegamos a ese enfoque radical de la cruz? Debemos despertar a la verdad de que cuando Cristo murió en la cruz, morimos (véase el capítulo 31). Cuando esto le ocurrió al apóstol Pablo, dijo: «El mundo me es crucificado a mí, y yo al mundo» (Gálatas 6:14). Esta es la clave para gloriarnos cristocéntricamente en la cruz.

Cuando ponemos nuestra confianza en Cristo, la todopoderosa atracción del mundo se rompe. Somos un cadáver para el mundo, y el mundo es un cadáver para nosotros. O poniéndolo positivamente, somos «una nueva criatura» (Gálatas 6:15). El viejo yo está muerto. Un nuevo yo está vivo: el yo en la fe en Cristo. Y lo que marca esta fe es que valoramos a Cristo sobre todas las cosas en el mundo. El poder del mundo para conquistar nuestro amor ha muerto.

Estar muerto al mundo significa que todo placer legítimo en el mundo llega a ser una prueba comprada con sangre del amor de Cristo y una ocasión para gloriarse en la cruz. Cuando nuestros corazones se remontan en los rayos de la bendición a su fuente en la cruz, la mundanalidad de la bendición está muerta. Y Cristo crucificado lo es todo.

PARA QUE PODAMOS VIVIR POR FE EN ÉL

Con Cristo estoy juntamente crucificado, y ya no vivo yo, mas vive Cristo en mí;
y lo que ahora vivo en la carne, lo vivo en la fe del Hijo de Dios,
el cual me amó y se entregó a sí mismo por mí.

Gálatas 2:20

Hay una paradoja explícita en este versículo. «Estoy crucificado», pero «ahora vivo». Uno podría decir: «Eso no es paradójico, es secuencial. Primero morimos con Cristo; luego fuimos resucitados con Él y ahora vivimos». Cierto. Pero, ¿qué de estas aún más paradójicas palabras: «Ya no soy yo quien vive», sin embargo «ahora vivo»? ¿Vivo o no vivo?

Las paradojas no son contradicciones. Solo suenan como tales. Lo que Pablo quiere decir es que había un «yo» que murió, y ahora hay un diferente «yo» que vive. Eso es lo que significa hacerse cristiano. Un viejo yo muere. Un nuevo yo es «creado» o «resucitado». «Si alguno está en Cristo, nueva *criatura* es» (2 Corintios 5:17). «Aun estando nosotros muertos en pecados, nos dio vida juntamente con Cristo (por gracia sois salvos), y juntamente con él nos resucitó» (Efesios 2:5-6).

El objetivo de la muerte de Cristo fue tomar nuestro «viejo yo» con Él en la tumba y poner fin al mismo. «Nuestro viejo hombre fue crucificado juntamente con él, para que el cuerpo del pecado sea destruido» (Romanos 6:6). Si confiamos en Cristo, estamos unidos a Él, y Dios considera nuestro viejo yo como muerto con Cristo. El propósito era la resurrección de un nuevo yo.

Así, pues, ¿quién es el nuevo yo? ¿Cuál es la diferencia entre estos dos yo? ¿Soy yo todavía yo? El versículo al comienzo de este capítulo describe el nuevo yo en dos maneras: Una manera es casi inimaginable; la otra es obvia. Primero, del nuevo yo en Cristo que vive en mí dice: «Y ya no vivo yo, mas vive Cristo en mí». Yo tomo esto como que quiere decir que el nuevo yo está definido por la presencia y ayuda de Cristo en todo tiempo. Él está siempre impartiéndome vida. Él está siempre fortaleciéndome para lo que me manda a hacer. Es por eso que la Biblia dice: «Todo lo puedo en Cristo que me fortalece» (Filipenses 4:13). «Trabajo … según la potencia de él, la cual actúa poderosamente en mí» (Colosenses 1:29). De modo que al final el nuevo yo dice: «No osaría hablar sino de lo que Cristo ha hecho por medio de mí» (Romanos 15:18).

Esta es la primera forma en que Gálatas 2:20 habla del nuevo yo: un yo habitado por Cristo, sostenido por Cristo, fortalecido por Cristo. Eso es lo que la muerte de Cristo trajo. Eso es lo que un cristiano es. La otra forma en que habla del nuevo yo es ésta: Vive confiando en Cristo momento tras momento. «La vida que ahora vivo en la carne la vivo por fe en el Hijo de Dios, quien me amó y se dio a sí mismo por mí».

Sin esta segunda descripción del nuevo yo, podríamos preguntarnos cuál es nuestra parte en experimentar la ayuda diaria de Cristo. Ahora tenemos la respuesta: la fe. Del lado divino, Cristo está viviendo en nosotros y capacitándonos para vivir del modo que Él nos enseña a vivir. Esta es su tarea. Pero desde el lado nuestro, se experimenta confiando en Él momento tras momento en que está con nosotros y nos ayuda. La prueba de que Él estará con nosotros y nos ayudará a hacer esto es el hecho de que sufrió y murió para que sucediera.

PARA DAR AL MATRIMONIO SU MÁS PROFUNDO SIGNIFICADO

Maridos, amad a vuestras mujeres, así como Cristo amó a la iglesia,
y se entregó a sí mismo por ella,

Efesios 5:25

Los designios de Dios para el matrimonio en la Biblia pintan al esposo amando a su mujer del modo que Cristo ama a su pueblo, y a la esposa respondiendo a su esposo de la manera que el pueblo de Cristo debe responderle a Él. Este cuadro estaba en la mente de Dios cuando envió a Cristo al mundo. Cristo vino por su esposa y murió por ella para mostrarnos la manera en que el matrimonio debe ser.

No, el punto de la analogía no es que los esposos deben sufrir en manos de sus esposas. Es cierto, eso le pasó a Jesús en un sentido. Él sufrió a fin de traer a un pueblo —una esposa— a la existencia, y ese mismo pueblo estaba entre los que causaron su sufrimiento. Y mucha de su pena fue debido a que sus discípulos lo abandonaron (Mateo 26:56). Pero lo central de esta analogía es cómo Jesús los amó hasta el punto de morir y no desecharlos.

El concepto de Dios en cuanto al matrimonio precede a la unión de Adán y Eva y a la venida de Cristo. Sabemos esto porque cuando el apóstol de Cristo explicó el misterio del matrimonio, se remontó al comienzo de la Biblia y citó Génesis 2:24: «Dejará el hombre padre y madre, y se unirá a su mujer, y los dos serán una sola carne». Entonces en el párrafo siguiente interpretó lo que acababa de citar.

«Grande es este misterio; mas yo digo esto respecto de Cristo y de la iglesia» (Efesios 5:31-32).

Esto significa que en la mente de Dios el matrimonio fue diseñado en el principio para ilustrar la relación de Cristo con su pueblo. La razón por la que el matrimonio es llamado un «misterio» es que esta meta para el matrimonio no nos fue claramente revelada hasta la venida de Cristo. Ahora vemos que el matrimonio fue concebido para hacer que el amor de Cristo por su pueblo sea más visible en el mundo.

Puesto que esto estaba en la mente de Dios desde el principio, estaba también en la mente de Cristo cuando encaró la muerte. Sabía que entre los muchos efectos de su sufrimiento estaba éste: hacer que el profundo significado del matrimonio fuese sencillo. Todos sus sufrimientos significaban un mensaje especialmente a los esposos. Así es cómo todo esposo debe amar a su esposa.

Aun cuando Dios no se propuso en el principio que los matrimonios fueran desgraciados, muchos lo son. Esto es lo que hace el pecado. Hace que nos tratemos mal. Cristo sufrió y murió para cambiar eso. Las esposas tienen su responsabilidad en este cambio. Pero Cristo da una responsabilidad especial a los esposos. Por eso es que la Biblia dice: «Maridos, amad a vuestras mujeres, así como Cristo amó la iglesia y se dio a sí mismo por ella» (Efesios 5:25).

Los esposos no son Cristo. Pero son llamados a ser como Él. Y el punto específico del parecido es la disposición del esposo a sufrir por el bien de su esposa sin amenazarlas ni abusar de ellas. Esto incluye sufrir para protegerla de cualquiera fuerza exterior que pudiera dañarla, así como sufrir desengaños o abusos aun de parte de ella. Esta clase de amor es posible porque Cristo murió tanto por el marido como por la mujer. Sus pecados son perdonados. Ninguno necesita hacer que el otro sufra por los pecados. Cristo ha llevado ese sufrimiento. Ahora como dos personas pecadoras y perdonadas podemos devolver bien por mal.

PARA CREAR UN PUEBLO CELOSO DE BUENAS OBRAS

[Cristo] se dio a sí mismo por nosotros para redimirnos de toda iniquidad y purificar para sí un pueblo propio, celoso de buenas obras.

Tito 2:14

En la fibra misma del cristianismo está la verdad de que somos perdonados y aceptados por Dios, no porque hayamos hecho buenas obras, sino para hacernos capaces y celosos de hacerlas. La Biblia dice: «[Dios] nos salvó… no por nuestras propias obras» (2 Timoteo 1:9, NVI). Las buenas obras no son el *fundamento* de nuestra aceptación, sino el *fruto* de éstas. Cristo sufrió y murió no porque le presentamos a él buenas obras, sino «para purificar para él un pueblo… celoso de buenas obras» (Tito 2:14).

Este es el significado de la gracia. No podemos llegar a estar en buenas relaciones con Dios debido a nuestras obras. Estar a bien con Dios es un regalo. Solo podemos recibirlo por fe, atesorándolo como un gran tesoro. Por eso es que la Biblia dice: «Por gracia sois salvos por medio de la fe; y esto no de vosotros, pues es don de Dios; no por obras, para que nadie se gloríe» (Efesios 2:8-9). Cristo sufrió y murió para que las buenas obras sean el *efecto*, no la causa, de nuestra aceptación.

No es de sorprendernos, pues, la siguiente oración que dice: «Porque somos…creados en Cristo Jesús para buenas obras» (Efesios 2:10). Esto es, somos salvos *para* buenas obras, no *por* buenas obras. Y el objetivo de Cristo no es la mera *capacidad* de hacerlas, sino el celo por hacerlas. Por eso la Biblia usa la palabra «celo».

Cristo murió para hacernos «celosos de buenas obras». Celo significa pasión. Cristo no murió solo para hacer posibles las buenas obras ni para producir un entusiasmo a medias. Murió para producir en nosotros *pasión* por las buenas obras. La pureza cristiana no es la mera evitación del mal, sino la búsqueda del bien.

Hay razones por las que Jesús pagó el infinito precio de producir en nosotros celo por las buenas obras. Él dio la razón principal en estas palabras: «Así alumbre vuestra luz delante de los hombres, para que vean vuestras buenas obras y glorifiquen a vuestro Padre que está en los cielos» (Mateo 5:16). Dios recibe gloria por las buenas obras de los cristianos. Por esa gloria Cristo sufrió y murió.

Cuando el perdón y la aceptación de Dios nos han librado del temor, del orgullo y de la avaricia, estamos llenos con el celo de amar a otros del modo que Él nos ha amado. Arriesgamos nuestras posesiones y nuestras vidas puesto que estamos seguros en Cristo. Cuando amamos a otros en esta forma, nuestra conducta es contraria al encumbramiento y a la autopreservación. La atención es, pues, enfocada en nuestro transformador Tesoro y Seguridad: Dios.

¿Y cuáles son estas «buenas obras»? Sin limitar su alcance, la Biblia quiere decir principalmente ayudar a las personas en urgente necesidad, especialmente aquellos que poseen menos y sufren más. Por ejemplo, la Biblia dice: «Aprendan también los nuestros a ocuparse en buenas obras para los casos de necesidad» (Tito 3:14). Cristo murió para hacernos esta clase de personas, personas apasionadas en ayudar al pobre y al caído. Esta es la mejor vida, no importa cuánto nos cueste en este mundo. Ellos obtienen ayuda, nosotros obtenemos gozo y Dios recibe gloria.

PARA LLAMARNOS A SEGUIR SU EJEMPLO DE HUMILDAD Y VALIOSO AMOR

Esto merece aprobación, si alguno a causa de la conciencia delante de Dios, sufre molestias padeciendo injustamente. ... Para esto fuisteis llamados; porque también Cristo padeció por nosotros, dejándonos ejemplo, para que sigáis sus pisadas.

1 Pedro 2:19-21

Considerad a aquel que sufrió tal contradicción de pecadores contra sí mismo, para que vuestro ánimo no se canse hasta desmayar. Porque aún no habéis resistido hasta la sangre, combatiendo contra el pecado.

Hebreos 12:3-4

Haya, pues, en vosotros este sentir que hubo también en Cristo Jesús, el cual, siendo en forma de Dios, no estimó el ser igual a Dios como cosa a que aferrarse, sino que se despojó a sí mismo, tomando forma de siervo, hecho semejante a los hombres; y estando en la condición de hombre, se humilló a sí mismo, haciéndose obediente hasta la muerte, y muerte de cruz.

Filipenses 2:5-8

Imitación no es salvación. Pero la salvación trae imitación. Cristo no nos es dado primero como modelo, sino como Salvador. En la experiencia del creyente, primero viene el perdón de Cristo, luego el modelo de Cristo. En la experiencia de Cristo mismo, ellas vienen juntas: El mismo sufrimiento que perdona nuestros pecados nos ofrece un modelo de amor.

En realidad, solo cuando experimentamos el perdón de Cristo puede Él convertirse en modelo para nosotros. Esto suena equivocado porque sus sufrimientos son únicos. No pueden ser imitados. Nadie sino el Hijo de Dios puede sufrir «por nosotros» en la forma que Cristo sufrió. Él llevó nuestros pecados en una forma que ninguno otro pudiera. Fue un sustituto sufriente. Jamás podremos duplicar esto. Fue una vez por todas, el justo por los injustos, El divino sufrimiento vicario por los pecadores es inimitable.

Sin embargo, este sufrimiento único, después de perdonar y justificar a los pecadores, los transforma en personas que actúan como Jesús: no como Él en perdonar, sino como Él en amar. Como Él en sufrimiento para hacer bien a otros. Como Él en no devolver mal por mal. Como Él en humildad y mansedumbre. Como Él en soportar pacientemente. Como Él en servidumbre. Jesús sufrió por nosotros de manera única, para que nosotros pudiéramos sufrir con Él en la causa del amor.

El apóstol de Cristo, Pablo, dijo que su ambición era primero participar en la justicia de Cristo por fe, y entonces compartir en sus sufrimientos en el ministerio. «[Pueda yo] ser hallado en él, no teniendo mi propia justicia, que es por la ley, sino la que es por la fe de Cristo… a fin de … [participar] de sus padecimientos, llegando a ser semejante a él en su muerte» (Filipenses 3:9-10). La justificación precede y hace posible la imitación. El sufrimiento de Cristo para la justificación hace posible nuestro sufrimiento para la proclamación. Nuestro sufrimiento por otros no aparta la ira de Dios, sino que muestra lo que vale estar libre de la ira de Dios por el sufrimiento de Cristo. Esto conduce a las personas a Él.

Cuando la Biblia nos pide que todo lo soportemos «por amor de los escogidos, para que ellos también obtengan la salvación que es en Cristo Jesús» (2 Timoteo 2:10), quiere decir que nuestra imitación de Cristo conduce a las personas a Él, al único que puede salvar. Nuestro sufrimiento es crucial, pero solo Cristo salva. Por tanto, vamos a imitar su amor, pero no tomar su lugar.

PARA CREAR UNA LEGIÓN DE
SEGUIDORES CRUCIFICADOS

Y decía a todos: Si alguno quiere venir en pos de mí, niéguese a sí mismo,
tome su cruz cada día, y sígame.

Lucas 9:23

El que no toma su cruz y sigue en pos de mí, no es digno de mí.

Mateo 10:38

Cristo murió para crear camaradas en el camino al Calvario.
Calvario es el nombre de la colina donde lo crucificaron. Él sabía que el rumbo de su vida lo llevaría allá finalmente. En realidad, «afirmó su rostro» para ir allí (Lucas 9:51). Nada ocultaría su misión de morir. Él sabía dónde y cuándo eso tenía que pasar. Cuando alguien le advirtió, en camino a Jerusalén, que Él estaba en peligro del rey Herodes, Jesús desdeñó la idea de que Herodes pudiera interceptar el plan de Dios. «Id y decid a aquella zorra: He aquí yo echo fuera demonios y hago curaciones hoy y mañana, y al tercer día termino mi obra» (Lucas 13:32). Todo iba desarrollándose conforme a su plan. Y cuando el fin llegó y la turba lo arrestó la noche antes de morir, les dijo. «Todo esto sucede para que se cumplan las Escrituras de los profetas» (Mateo 26:56).

En un sentido, el camino al Calvario es donde todos encuentran a Jesús. Es verdad que Él ya ha caminado el camino, y muerto, y resucitado, y ahora reina en el cielo hasta que venga otra vez. Pero cuando Cristo encuentra una persona hoy, es siempre en el camino al Calvario, rumbo a la cruz. Cada vez que Él encuentra a alguien en el camino al Calvario dice: «Si alguno quiere venir en pos de mí, niéguese a sí mismo, tome su cruz cada día, y sígame» (Lucas 9:23).

Cuando Cristo fue a la cruz, su objetivo fue llamar a una gran legión de creyentes que lo siguieran.

La razón de esto no es que Jesús tenga que morir otra vez hoy, sino que *nosotros* debemos hacerlo. Cuando Él nos convida a tomar nuestra cruz, quiere decir, ven y muere. La cruz era un lugar de horrible ejecución. Hubiera sido inconcebible en los días de Jesús usar una cruz como pieza de joyería. Habría sido como usar una silla eléctrica en miniatura o una soga para linchamiento. Sus palabras tienen que haber tenido un efecto aterrador. «El que no toma su cruz y sigue en pos de mí no es digno de mí» (Mateo 10:38).

Hoy las palabras son solemnes. Significan por lo menos que cuando seguimos a Jesús como Salvador y Señor, el viejo yo voluntarioso, egoísta, debe ser crucificado. Debo cada día considerarme muerto al pecado y vivo para Dios. Ese es el camino de la vida: «Consideraos muertos al pecado, pero vivos para Dios en Cristo Jesús» (Romanos 6:11).

Pero la camaradería en el camino al Calvario significa más. Quiere decir que Jesús murió para que nosotros estemos dispuestos a llevar su vituperio. «Jesús … padeció fuera de la puerta… Salgamos, pues, a él, fuera del campamento, llevando su vituperio» (Hebreos 13:12-13). Pero no solo el vituperio. Si es necesario, el martirologio. La Biblia describe algunos de los seguidores de Cristo de esta manera: «Y ellos han vencido [a Satanás] por medio de la sangre del Cordero y de la palabra del testimonio de ellos y menospreciaron sus vidas hasta la muerte» (Apocalipsis 12:11). Así que el Cordero de Dios derramó su sangre para que nosotros podamos derrotar al diablo confiando en su sangre y derramando la nuestra. Jesús nos llama en el camino al Calvario. Es una vida dura y buena. Ven.

PARA LIBRARNOS DE LA ESCLAVITUD DEL MIEDO A LA MUERTE

Por cuanto los hijos participaron de carne y sangre,
él también participó de lo mismo, para destruir por medio de la muerte
al que tenía el imperio de la muerte, esto es, al diablo,
y librar a todos los que por el temor de la muerte estaban
durante toda la vida sujetos a servidumbre.

Hebreos 2:14-15

Jesús llamó a Satanás homicida. «Él ha sido homicida desde el principio. Y no ha permanecido en la verdad … es mentiroso y padre de mentira» (Juan 8:44). Pero su principal interés no es matar. Es condenar. En realidad, prefiere que sus seguidores tengan vidas largas y felices para hacer mofa de los santos que sufren y esconder los horrores del infierno.

Su poder para condenar a seres humanos no reside en él, sino en los pecados que inspira y las mentiras que dice. La única cosa que condena a cualquiera es el pecado que no ha sido perdonado. Hechicerías, brujería, vudú, espiritismo, maldiciones, magia negra, apariciones, voces: nada de esto echa a una persona en el infierno. Estas son campanas y pitos del diablo. El arma letal que él tiene es el poder para engañarnos. Su principal mentira es que la exaltación propia es más de desear que la exaltación de Cristo, y el pecado, preferible a la justicia. Si esa arma pudiera quitársele de su mano, no tendría más el poder de la muerte eterna.

Eso es lo que Cristo vino a hacer: arrancar esa arma de la mano de Satanás. Para hacerlo, tomó sobre sí nuestros pecados y sufrió por ellos. Cuando esto ocurrió, el diablo no pudo seguir usándola para destruirnos. ¿Mofarse de nosotros? Sí. ¿Burlarse de nosotros? Sí. ¿Pero condenarnos? No. Cristo cargó con la maldición en lugar nuestro. Por mucho que lo intente, Satanás no puede destruirnos. La ira de Dios es quitada. Su misericordia es nuestro escudo. Y Satanás no puede tener éxito contra nosotros.

Para lograr este rescate, Cristo tenía que tomar una naturaleza humana, porque sin ella no podría experimentar la muerte. Solo la muerte del Hijo de Dios podría destruir al que tenía el poder de la muerte. De ahí que la Biblia dice: «Por cuanto … los hijos participaron en carne y sangre [=tenía una naturaleza humana], él también participó de lo mismo [=tomó una naturaleza humana], para destruir por medio de la muerte al que tenía el imperio de la muerte, esto es, al diablo» (Hebreos 2:14). Cuando Cristo murió por los pecados, le quitó al diablo su única arma letal: el pecado irredento.

La libertad del temor fue el objetivo de Cristo al hacer esto. Mediante la muerte libertó «a todos los que por el temor a la muerte estaban durante toda la vida sujetos a servidumbre» (Hebreos 2:15). El temor a la muerte esclaviza. Nos hace tímidos y torpes. Jesús murió por darnos libertad. Cuando el temor a la muerte es destruido por un acto de amor sacrificial, la servidumbre a la autopreservación fastidiosa y engreída es destruida. Somos liberados para amar como Cristo, aun al costo de nuestras vidas.

El diablo puede matar nuestro cuerpo, pero no puede ya más matar nuestra alma. Esta está segura en Cristo. Y aun nuestro cuerpo mortal resucitará algún día: «El que levantó de entre los muertos a Jesús vivificará también vuestros cuerpos mortales por su Espíritu que mora en vosotros» (Romanos 8:11). Somos el más libre de todos los pueblos. Y la Biblia no se equivoca en cuanto al objetivo de esa libertad: «Hermanos, a libertad fuisteis llamados; solamente que no uséis la libertad como ocasión para la carne, sino servíos por amor los unos a los otros» (Gálatas 5:13).

PARA QUE ESTUVIÉSEMOS CON ÉL
INMEDIATAMENTE DESPUÉS
DE LA MUERTE

*[Cristo] murió por nosotros para que ya sea que velemos, o que durmamos,
vivamos juntamente con él.*
1 Tesalonicenses 5:10

*Para mí el vivir es Cristo, y el morir es ganancia. Porque de ambas cosas estoy
puesto en estrecho, teniendo deseo de partir y estar con Cristo, lo cual es
muchísimo mejor.*
Filipenses 1:21, 23

Más quisiéramos estar ausentes del cuerpo, y presentes al Señor.
2 Corintios 5:8

La Biblia no ve nuestros cuerpos como algo malo. El cristianismo
no es como algunas antiguas religiones griegas que trataban el
cuerpo como una carga que con gusto soltamos. No, la muerte es un
enemigo. Cuando nuestros cuerpos mueren, perdemos algo precioso. Cristo no está contra el cuerpo, sino a favor del cuerpo. La Biblia
es clara en cuanto a esto: «El cuerpo no es para la fornicación, sino
para el Señor, y el Señor para el cuerpo» (1 Corintios 6:13). Esta es
una maravillosa declaración: ¡El Señor es para el cuerpo!

Pero no debemos ir tan lejos como para decir que sin el cuerpo
no podemos tener vida y conciencia. La Biblia no enseña esto. Cristo murió no solo para redimir el cuerpo, sino también para atar el
alma tan estrechamente a sí mismo que, aun sin el cuerpo, estamos

con Él. Este es un profundo consuelo en la vida y en la muerte, y Cristo murió para que pudiésemos gozar esta esperanza.

De una parte la Biblia habla sobre perder el cuerpo en la muerte como un tipo de desnudez para el alma: «Los que estamos en este tabernáculo [=el cuerpo] gemimos ... porque no quisiéramos ser desnudados, sino revestidos» (2 Corintios 5:4). En otras palabras, nosotros más bien preferiríamos pasar directamente de aquí a la resurrección del cuerpo sin tiempo intermedio en la tumba. Eso es lo que experimentarán los que estén vivos cuando Cristo regrese del cielo.

Pero por otra parte, la Biblia celebra el tiempo intermedio, en el que nuestras almas están en el cielo y nuestros cuerpos en la tumba. Esta no es la gloria final, aunque es gloriosa. Leemos, «El vivir es Cristo, y el morir es ganancia» (Filipenses 1:21). «¡Ganancia!» Sí, pérdida del cuerpo por una temporada. En un sentido «desnudados». Pero más que ninguna otra cosa, «¡ganancia!» ¿Por qué? Porque la muerte para el cristiano significa ir para la casa con Cristo. Como dice el apóstol Pablo, «[Tengo] deseo de partir y estar con Cristo, lo cual es mucho mejor» (Filipenses 1:23).

«¡Mucho mejor!» Todavía no es en todo sentido lo mejor. Eso vendrá cuando el cuerpo sea resucitado en salud y gloria. Pero todavía «mucho mejor». Estaremos con Cristo en una forma que es más íntima, más «en casa». Por eso los primitivos cristianos decían: «Más quisiéramos estar ausentes del cuerpo, y presentes al Señor» (2 Corintios 5:8). Los que creemos en Cristo no nos salimos de la existencia cuando morimos. No vamos a una clase de «sueño del alma»: Vamos a estar con Cristo. Estaremos «en casa». Esto es «mucho mejor». Esto es «ganancia».

Esta es una de las grandes razones por las que Cristo sufrió. «[Él] murió por nosotros para que ya sea que velemos, o que durmamos, vivamos juntamente con él» (1 Tesalonicenses 5:10). Como dormido, el cuerpo yace allí en la tumba. Pero nosotros vivimos con Cristo en el cielo. Esta no es nuestra esperanza final. Algún día el cuerpo resucitará Pero aun así, estar con Cristo es algo inexpresablemente precioso.

PARA ASEGURAR
NUESTRA RESURRECCIÓN
DE ENTRE LOS MUERTOS

*Porque si fuimos plantados juntamente con él en la semejanza de su muerte,
así también lo seremos en la de su resurrección.*

ROMANOS 6:5

*Y si el Espíritu de aquel que levantó de los muertos a Jesús mora en vosotros,
el que levantó de los muertos a Cristo Jesús vivificará también vuestros
cuerpos mortales por su Espíritu que mora en vosotros.*

ROMANOS 8:11

Si somos muertos con él, también viviremos con él.

2 TIMOTEO 2:11

Las llaves de la muerte estaban colgando en el interior de la tumba de Cristo. Desde afuera, Cristo pudo hacer muchas obras maravillosas, inclusive resucitar a una niña de doce años y a dos hombres de la muerte, solo para que murieran otra vez (Marcos 5:41-42; Lucas 7:14-15, Juan11:43-44). Si algunos iban a ser resucitados de entre los muertos, para no volver a morir, Cristo habría de morir por ellos, entrar en la tumba, tomar las llaves y abrir la puerta de la muerte desde adentro.

La resurrección de Jesús es un regalo de Dios y prueba de que su muerte fue totalmente efectiva en borrar los pecados de su pueblo y quitar la ira de Dios. Usted puede ver esto en las palabras «por lo cual». Cristo fue «obediente hasta la muerte, y muerte de cruz. *Por lo cual*, Dios también le exaltó hasta lo sumo» (Filipenses 2:8-9).

Desde la cruz el Hijo de Dios exclamó: «Consumado es» (Juan 19:30). Y por medio de la resurrección, Dios el Padre exclama: «¡De veras fue consumado!» La gran obra de pagar por nuestro pecado y proveer nuestra justicia y satisfacer la justicia de Dios quedó completamente terminada en la muerte de Jesús.

Entonces, en la tumba, tuvo el derecho y el poder de tomar las llaves de la muerte y abrir la puerta para todo el que vaya a Él por fe. Si el pecado está pagado, la integridad ha sido suministrada y la justicia ha sido satisfecha, nada puede mantener a Cristo ni a su pueblo en la tumba. Es por eso que Jesús proclamó: «Estuve muerto, mas he aquí que vivo por los siglos de los siglos, amén. Y tengo las llaves de la muerte y del Hades» (Apocalipsis 1:18).

La Biblia resuena con la verdad de que pertenecer a Jesús significa que resucitaremos con Él. «Si fuimos plantados juntamente con él en la semejanza de su muerte, también lo seremos en la de su resurrección» (Romanos 6:5). «Porque si creemos que Jesús murió y resucitó, así también traerá Dios con Jesús a los que durmieron con él» (1 Tesalonicenses 4:14). «Y Dios, que levantó al Señor, también a nosotros nos levantará con su poder» (1 Corintios 6:14).

Aquí está la conexión entre la muerte de Cristo y nuestra resurrección: «El aguijón de la muerte es el pecado, y el poder del pecado, la, ley» (1 Corintios 15:56). Esto significa que todos hemos pecado, y que la ley sentencia a los pecadores a la muerte eterna. Pero el texto continúa: «Gracias sean dadas a Dios, que nos da la victoria por medio de nuestro Señor Jesucristo» (versículo 57). En otras palabras, las exigencias de la ley están satisfechas por la vida y la muerte de Jesús. Por lo tanto, los pecados son perdonados. Por consiguiente, el aguijón del pecado ha quedado removido. Por lo tanto, aquellos que creen en Cristo *no serán* sentenciados a muerte eterna, sino que «serán resucitados incorruptibles … Entonces se cumplirá la palabra que está escrita: Sorbida es la muerte en victoria» (1 Corintios 15:52,54). Asómbrese, y busque a Cristo. Él lo invita: «Yo soy la resurrección y la vida. El que cree en mí, aunque esté muerto, vivirá» (Juan 11:25).

PARA DESARMAR A LOS PRINCIPADOS Y A LAS POTESTADES

Anulando el acta de los decretos que había contra nosotros,
que nos era contraria, quitándola de en medio y clavándola en la cruz,
y despojando a los principados y a las potestades, los exhibió públicamente,
triunfando sobre ellos en la cruz.

C o l o s e n s e s   2 : 1 4 - 1 5

Para esto apareció el Hijo de Dios, para deshacer las obras del diablo.

1   J u a n   3 : 8

En la Biblia, «principados y potestades» pueden referirse a gobiernos humanos. Pero cuando leemos que sobre la cruz de Cristo despojó a los principados y a las potestades, los exhibió públicamente y «triunfó sobre ellas», tiene que referirse a los poderes demoníacos que afligen al mundo. Una de las más explícitas declaraciones sobre estos poderes diabólicos está en Efesios 6:12. Allí se dice que los cristianos no luchan «contra carne ni sangre sino contra *principados*, contra *potestades*, contra los gobernadores de las tinieblas de este siglo, contra huestes espirituales de maldad en las regiones celestes».

Tres veces a Satanás se le llama «gobernador de este mundo». Cuando Jesús se acercaba ya a la última hora de su vida dijo: «Ahora es el juicio de este mundo; ahora el príncipe de este mundo será echado fuera» (Juan 12:31). La muerte de Jesús fue la derrota decisiva del «príncipe de este mundo», el diablo. Y como Satanás se va, con él se van todos sus ángeles caídos. Todos ellos sufrieron un golpe decisivo o derrota cuando Cristo murió.

No que dejaran de existir. Nosotros luchamos contra ellos aún ahora. Pero son un enemigo derrotado. Nosotros sabemos que tenemos la victoria final. Es como si a un gran dragón le hubieran cortado la cabeza y estuviera revolviéndose y desangrándose antes de morir. La batalla está ganada. Pero debemos tener cuidado del daño que puede hacer.

En la muerte de Jesús, Dios estaba «anulando el acta de los decretos que había contra nosotros, que nos era contraria, quitándola de en medio y clavándola en la cruz» (Colosenses 2:14; véase el capítulo 7). Así es como Jesús desarmó los principados y potestades y los exhibió públicamente. En otras palabras, si la ley de Dios ya no nos condena, porque Cristo canceló nuestra deuda, Satanás no tiene fundamento para acusarnos.

Acusar al pueblo de Dios era la gran tarea del diablo antes de Cristo. La misma palabra «Satanás» quiere decir «adversario o acusador». Pero vean lo que sucedió cuando Cristo murió. Estas son palabras del apóstol Juan: «Entonces oí una gran voz en el cielo, que decía: Ahora ha venido la salvación, el poder, y el reino de nuestro Dios, y la autoridad de su Cristo; porque ha sido lanzado fuera *el acusador de nuestros hermanos*» (Apocalipsis 12:10). Esta es la derrota y el desarme de los principados y las potestades.

Ahora en Cristo no puede prevalecer ninguna acusación contra el pueblo de Dios. «¿Quién acusará a los escogidos de Dios? Dios es el que justifica» (Romanos 8:33). Ni el hombre ni Satanás pueden hacer una acusación permanente. El caso legal está cerrado. Cristo es nuestra justicia. Nuestro acusador está desarmado. Si trata de hablar en la corte del cielo, la vergüenza cubrirá su rostro. ¡Oh, cuán osados y libres seríamos en este mundo si buscáramos servir a Cristo y amar a las personas! No hay condenación para los que están en Cristo. Vamos a apartarnos de la tentación del diablo. Sus promesas son mentiras y su poder está desmantelado.

PARA DESATAR EL PODER DE DIOS
EN EL EVANGELIO

Porque la palabra de la cruz es locura a los que se pierden; pero a los que se salvan, esto es, a nosotros, es poder de Dios.

1 Corintios 1:18

Porque no me avergüenzo del evangelio, porque es poder de Dios para salvación a todo aquel que cree; al judío primeramente, y también al griego.

Romanos 1:16

Evangelio quiere decir buenas noticias. Es noticia antes que teología. Una noticia es el anuncio de que algo significativo ha sucedido. *Buenas* noticias es el anuncio de que algo que ha ocurrido hará feliz al pueblo. El evangelio es la buena noticia, porque lo que anuncia puede hacer a las personas felices para siempre.

Lo que el evangelio reporta es la muerte y resurrección de Cristo. El apóstol Pablo hace explícita la calidad noticiosa del evangelio:

Además os declaro, hermanos, el evangelio ... Cristo murió por nuestros pecados ... fue sepultado ... y ... apareció a más de quinientos hermanos a la vez, de los cuales muchos viven aún (1 Corintios 15:1-7).

Lo fundamental del evangelio es que «Cristo murió por nuestros pecados...fue sepultado.. resucitó.. y apareció a más de quinientas personas». El hecho de que dice que muchos de estos testigos aún vivían demuestra cuán verídico es el evangelio. Quiere decir que sus lectores podrían conocer a algunos testigos y preguntarles. El evangelio es noticia sobre hechos. Y los hechos eran comprobables. Había testigos de la muerte, el entierro y de su vida ya resucitado.

Lo trágico de todo es que, para muchos, estas buenas nuevas parecen locuras. Pablo dijo, «La palabra de la cruz es locura a los que se pierden; pero a los que se salvan, esto es, a nosotros, es poder de Dios» (1 Corintios 1:18). Este es el poder que Cristo murió para desatar. «El evangelio… es poder de Dios para salvación a todo aquel que cree» (Romanos 1:16).

¿Por qué no todos ven la muerte de Cristo como buena noticia? Hay que verla como cierta y buena antes de que podamos creerla. La pregunta, pues, es: ¿Por qué algunos ven esto como cierto y bueno y otros no? Una respuesta la da 2 Corintios 4:4: «El dios de este siglo [Satanás] cegó el entendimiento de los incrédulos, para que no les resplandezca la luz del evangelio de la gloria de Cristo». Además de eso, la naturaleza del hombre pecador en sí misma está muerta a la verdadera realidad espiritual. «El hombre natural no percibe las cosas del espíritu de Dios, porque para él son locura» (1 Corintios 2:14).

Si alguien va a ver el evangelio como cierto y bueno, la ceguera satánica y la muerte natural deben ser superadas por el poder de Dios. Por eso es que la Biblia dice que aun cuando el evangelio es locura para muchos, sin embargo, «para los llamados … Cristo [es] poder de Dios y sabiduría de Dios» (1 Corintios 1:24). Ese «llamado» es el misericordioso acto de Dios para quitar la muerte natural y la ceguera satánica, de modo que veamos a Cristo como la verdad y el bien. Este acto de misericordia es en sí mismo un regalo de Cristo comprado con sangre. Mírelo a Él y ore que Dios pueda capacitarlo para que vea y abrace el evangelio de Cristo.

PARA DESTRUIR LA HOSTILIDAD
ENTRE LAS RAZAS

Él es nuestra paz, que de ambos pueblos hizo uno,
derribando la pared intermedia de separación, aboliendo en su carne
las enemistades, la ley de los mandamientos expresados en ordenanzas,
para crear en sí mismo de los dos un solo y nuevo hombre, haciendo la paz,
y mediante la cruz reconciliar con Dios a ambos en un solo cuerpo,
matando en ella las enemistades.

EFESIOS 2:14-16

La sospecha, el prejuicio y las actitudes degradantes entre judíos y gentiles (personas que no son judías) en tiempos del Nuevo Testamento, eran tan graves como las hostilidades raciales, étnicas y nacionales de nuestros días. Un ejemplo del antagonismo es lo que sucedió en Antioquía entre Cefas (algunas veces llamado Pedro) y Pablo. Pablo vuelve a contar la historia: «Pero cuando Pedro vino a Antioquía, le resistí cara a cara, porque era de condenar. Pues antes que viniesen algunos de parte de Jacobo, comía con los gentiles; pero después que vinieron, se retraía y se apartaba, porque tenía miedo de los de la circuncisión» (Gálatas 2:11-12).

Pedro había estado viviendo en la libertad de Jesucristo. A pesar del hecho que era un judío cristiano, estaba comiendo con cristianos que no eran judíos. La pared divisoria había sido echada abajo. La hostilidad se había superado. Cristo murió precisamente para lograr esto. Pero entonces algunos judíos muy conservadores llegaron a Antioquía. Cefas se aterrorizó. Temió su crítica. Así, pues, se retiró de su fraternidad con los gentiles.

El apóstol Pablo vio lo que estaba pasando. ¿Qué iba a hacer? ¿Servir al estatus quo? ¿Mantener la paz entre los conservadores visitantes y los más liberados judíos cristianos de Antioquía? La clave de la conducta de Pablo se encuentra en estas palabras: «Vi que no andaban rectamente conforme a la verdad del evangelio» (Gálatas 2:14). Esta es una declaración crucial. ¡La segregación racial y étnica es un tema del evangelio! El temor de Cefas y su retirada de la camaradería por razones étnicas no era «conforme a la verdad del evangelio». Cristo había muerto para echar abajo esta pared. Y Cefas la estaba levantando otra vez.

Así que Pablo no sirvió al estatus quo, y no mantuvo una paz que negaba el evangelio. Confrontó a Cefas públicamente. «Le dije a Cefas delante de todos, Si tú, siendo judío, vives como los gentiles y no como judío, ¿por qué obligas a los gentiles a judaizar» (Gálatas 2:14). En otras palabras, la retirada de Cefas de la camaradería con los cristianos que no eran judíos enviaba un mensaje fatal: hay que comportarse como judío para ser plenamente aceptable. Eso fue precisamente lo que Cristo abolió con su muerte.

Jesús murió para crear una forma totalmente nueva para la reconciliación de las razas. El ritual y las razas no son la base de una unión gozosa. Cristo lo es. Él cumplimentó la ley perfectamente. Todos los aspectos de la ley que separaban al pueblo terminaron en Él salvo uno: el evangelio de Jesucristo. Es imposible construir una unidad duradera entre las razas diciendo que todas las religiones pueden reunirse como igualmente válidas. Jesucristo es el Hijo de Dios. Dios lo envió al mundo como el solo y único medio de salvar a los pecadores y reconciliar las razas para siempre. Si negamos esto, socavamos los mismos cimientos de la eterna esperanza y eterna unidad entre los pueblos. Por su muerte en la cruz, algo cósmico, no parroquial, se alcanzó. Dios y hombre quedaron reconciliados. Solamente a medida que las razas encuentren y gocen esto se amarán y se gozarán entre sí para siempre. Al poner término a nuestro alejamiento de Dios, Cristo también lo supera entre las razas.

PARA RESCATAR A LAS PERSONAS DE TODO LINAJE, LENGUA, PUEBLO Y NACIÓN

Digno eres de tomar el libro y de abrir sus sellos;
porque tú fuiste inmolado, y con tu sangre nos has redimido para Dios,
de todo linaje y lengua y pueblo y nación.
Apocalipsis 5:9

E l escenario es el cielo. El apóstol Juan ha estado ofreciendo una perspectiva del futuro en las manos de Dios. «Vi en la mano derecha del que estaba sentado en el trono un libro … sellado con siete sellos» (Apocalipsis 5:1). Abrir el libro significa desplegar la historia del mundo en el futuro. Juan llora porque parece que no hay nadie que pueda abrir el rollo. Entonces uno de los seres celestiales dice, «No llores. He aquí el León de la tribu de Judá, la raíz de David, ha vencido, para abrir el libro» (5:5). Esta es una referencia a Jesucristo, el Mesías. Él ha conquistado por su muerte y resurrección. Entonces Juan lo mira: «Vi en pie un Cordero, como inmolado» (5:6).

Entonces los seres celestiales alrededor del trono se postraron y adoraron a Cristo. Cantaron una nueva canción. Sorprendentemente, la canción anuncia que es la muerte de Cristo lo que lo hace digno de abrir el libro de la historia. La implicación es que la muerte de Cristo fue necesaria para lograr el propósito global de Dios en la historia. «Y cantaban un nuevo cántico, diciendo: Digno eres de tomar el libro y de abrir sus sellos porque tú fuiste inmolado, y con tu sangre nos has redimido para Dios, de todo linaje y lengua y pueblo y nación» (5:9).

Cristo murió para salvar a una gran diversidad de pueblos. El pecado no respeta culturas. Todos los pueblos han pecado. Cada raza y cultura necesita reconciliarse con Dios. Como la enfermedad del pecado es mundial, mundial es el remedio. Jesús vio venir la agonía de la cruz y habló osadamente sobre el alcance de su plan. «Si fuere levantado de la tierra, a todos traeré a mí mismo» (Juan 12:32). Al planear su muerte, abrazó al mundo entero.

El cristianismo comenzó en el Oriente. Con los siglos ha habido un importante cambio hacia Occidente. Pero cada vez más ahora, el cristianismo no es una religión de Occidente. Esto no es sorpresa para Cristo. Ya en el Antiguo Testamento su impacto mundial fue predicho: «Se acordarán, y se volverán a Jehová todos los confines de la tierra, y todas las familias de las naciones adorarán delante de ti» (Salmo 22:27). «Alégrense y gócense las naciones» (Salmo 67:4). Así que cuando Jesús llegó al final de su ministerio en la tierra, hizo explícita su misión: «Así está escrito, y así fue necesario que el Cristo padeciese, y resucitase de los muertos al tercer día; y que se predicase en su nombre el arrepentimiento y el perdón de pecados en todas las naciones» (Lucas 24:46-47). El mandato a sus discípulos fue inequívoco: «Id y haced discípulos a *todas las naciones*» (Mateo 28:19).

Jesucristo no es una deidad tribal. No pertenece a una sola cultura o grupo étnico. Él es el «cordero de Dios, que quita el pecado del mundo» (Juan 1:29). «No hay diferencia entre judío y griego, pues el mismo que es Señor de todos, es rico para con todos los que le invocan; porque todo aquel que invocare el nombre del Señor, será salvo» (Romanos 10:12-13). Clama a Él ahora, y únete a la gran legión mundial de los redimidos.

PARA REUNIR A SUS OVEJAS
DISPERSAS POR MUNDO

[Caifás] no lo dijo por sí mismo, sino que como era el sumo sacerdote aquel año, profetizó que Jesús había de morir por la nación; y no solamente por la nación, sino también para congregar en uno a los hijos de Dios que estaban dispersos.

Juan 11:51-52

También tengo otras ovejas que no son de este redil; aquéllas también debo traer, y oirán mi voz; y habrá un rebaño, y un pastor.

Juan 10:16

Cuando vienes a ver, un burro puede hablar por Dios (Números 22:28). Y lo mismo un predicador o un sacerdote. Esto le ocurrió a Caifás, que era el sumo sacerdote en Israel cuando Jesús fue juzgado y condenado a muerte. Sin saber lo que decía, dijo a los líderes de Israel: «Nos conviene que un hombre muera por el pueblo, y no que toda la nación perezca» (Juan 11:50). Esto tenía un doble significado. Caifás quería decir: Es mejor que Jesús muera que no que los romanos acusen a la nación de traición y destruyan al pueblo. Pero Dios tenía otro significado. Por eso, la Biblia dice: «[Caifás] no lo dijo por sí mismo, sino que como era el sumo sacerdote aquel año, profetizó que Jesús había de morir por la nación; y no solamente por la nación, sino también para congregar en uno a los hijos de Dios que estaban dispersos» (Juan 11:51-52).

El mismo Jesús dijo la misma cosa con una diferente metáfora. En lugar de «hijos ... dispersos», habló de «ovejas» fuera del redil de Israel: «También tengo otras ovejas que no son de este redil; aquéllas también debo traer, y oirán mi voz; y habrá un rebaño, y un pastor» (Juan 10:16).

Ambas maneras de decirlo son asombrosas. Enseñan que por todo el mundo hay personas que Dios ha escogido para ser alcanzadas y salvadas por Jesucristo. Hay «hijos de Dios… dispersos». Ellos son «ovejas no de este redil [judío]». Esto quiere decir que Dios es muy agresivo en reunir a su pueblo para su Hijo. Llama a su pueblo a hacer discípulos, pero también va delante de ellos. Tiene un pueblo escogido antes de que sus mensajeros lleguen allá. Así que Jesús habla de conversos que Dios ha hecho suyos y luego han sido llevados a Cristo. «Todo lo que mi Padre me da vendrá a mí, y al que a mí viene, no lo echo fuera…Tuyos eran, y me los diste» (Juan 6:37; 17:6).

Es asombroso que Dios tenga su mirada puesta en todos los pueblos del mundo y nombra un redil para sí, y entonces envía misioneros en el nombre de Cristo, y después dirige a sus escogidos en son evangelizador y los salva. No podrían ser salvos de otra manera. Las misiones son esenciales. «Las ovejas oyen su voz, y a sus ovejas llama por su nombre y las saca … y las ovejas le siguen, porque conocen su voz» (Juan 10:3-4).

Jesús sufrió y murió para que las ovejas puedan oír su voz y vivir. Eso es lo que Caifás dijo sin saberlo: «Jesús moriría… no solamente por la nación, sino también para congregar en uno a los hijos de Dios que estaban dispersos». Él dio su vida para reunir las ovejas. Por su sangre compró la misericordia que hace su voz inconfundible para los suyos. Ore que Dios aplique esa misericordia a usted, y que usted pueda oírla y vivir.

PARA RESCATARNOS DEL
JUICIO FINAL

Cristo fue ofrecido una sola vez para llevar los pecados de muchos; y aparecerá
por segunda vez, sin relación con el pecado, para salvar a los que le esperan.

Hebreos 9:28

El concepto cristiano de la salvación abarca pasado, presente y futuro. La Biblia dice: «Por gracia sois salvos por medio de la fe» (Efesios 2:8). Dice que el evangelio es el poder de Dios para nosotros que *hemos sido salvos* (1 Corintios 1:18). Y dice: «Ahora está más cerca de nosotros la salvación que cuando creímos» (Romanos 13:11). Hemos sido salvos. Estamos siendo salvados. Seremos salvos.

En cada etapa somos salvos por la muerte de Cristo. En el pasado, Cristo mismo pagó una vez por todas por nuestros pecados. Fuimos justificados por fe solamente. En el presente, la muerte de Cristo asegura el poder del Espíritu de Dios para salvarnos progresivamente del dominio y la contaminación del pecado. Y en el futuro, será la sangre de Cristo, derramada en la cruz, la que nos proteja de la ira de Dios y nos brinde protección y gozo.

Hay un juicio real que viene. La Biblia describe «una horrenda expectación de juicio, y de hervor de fuego que ha de devorar a los adversarios» (Hebreos 10:27). Esto nos llama a vivir «con temor y reverencia, porque nuestro Dios es fuego consumidor» (Hebreos 12:28-29).

Jesús advirtió al pueblo de su tiempo que huyeran de la ira venidera (Mateo 3:7). Porque Jesús mismo se manifestará «desde el cielo con los ángeles de su poder, en llama de fuego, para dar retribución a los que no conocieron a Dios, ni obedecen al evangelio de nuestro Señor Jesucristo; los cuales sufrirán pena de eterna perdición, excluidos de la presencia del Señor y de la gloria de su poder» (2 Tesalonicenses 1:7-9).

Algunos cuadros de esta ira final de Dios son casi demasiado terribles para considerarlos. Irónicamente, es Juan, el «apóstol del amor», quien nos da la más grafica visión del infierno. El que rechaza a Cristo y da su adhesión a otro «beberá del vino de la ira de Dios, que ha sido vaciado puro en el cáliz de su ira … y [será] atormentado con fuego y azufre delante de los santos ángeles y del Cordero; y el humo de su tormento sube por los siglos de los siglos. Y no [tiene] reposo de día ni de noche» (Apocalipsis 14:10-11).

Hasta que sintamos alguna medida de temor acerca de la ira futura de Dios, probablemente no captaremos la dulzura con la cual la iglesia primitiva interpretó la tarea redentora de Cristo en el futuro. «[Esperamos] de los cielos a su Hijo, al cual resucitó de los muertos, a Jesús, quien nos libra de la ira venidera» (1 Tesalonicenses 1:10). Jesucristo, y Él solamente, puede salvarnos de la ira venidera. Sin Él, seríamos barridos para siempre.

Pero cuando Él nos salve al final, será sobre la base de su sangre. «Cristo fue ofrecido una sola vez para llevar los pecados de muchos; y aparecerá por segunda vez, sin relación con el pecado, para salvar a los que le esperan» (Hebreos 9:28). El problema pecado quedó resuelto de una vez por todas. No es necesario ningún nuevo sacrificio. Nuestro escudo de la ira futura es tan seguro como el sufrimiento de Cristo en nuestro lugar. Por amor a la cruz, entonces, regocíjate en la futura gracia.

PARA ALCANZAR SU GOZO
Y EL NUESTRO

Por el gozo puesto delante de él sufrió la cruz, menospreciando el oprobio, y se sentó a la diestra del trono de Dios.

Hebreos 12:2

El camino que conduce al gozo es un camino duro. Es duro para nosotros, y fue duro para Jesús. Le costó la vida. Y puede costárnosla a nosotros. «Por el gozo puesto delante de él sufrió la cruz». Primero la agonía de la cruz, después el éxtasis del cielo. No había otro camino. El gozo puesto delante de Él tenía muchos niveles. Era el gozo de la reunión con su Padre: «En tu presencia hay plenitud de gozo; delicias a tu diestra para siempre» (Salmo 16:11). Fue el gozo del triunfo sobre el pecado: «Habiendo efectuado la purificación de nuestros pecados, se sentó a la diestra de la Majestad en las alturas» (Hebreos 1:3). Era el gozo de los derechos divinos restaurados: «Y [él] se sentó a la diestra del trono de Dios» (Hebreos 12:2). Era el gozo de estar rodeado con alabanzas del pueblo por quien murió: Habrá gozo en el cielo por cada pecador que se arrepiente, por no decir los millones que se arrepienten (Lucas 15:7).

¿Y qué de nosotros? ¿Ha entrado Él en el gozo y nos ha dejado en la miseria? No. Antes de morir, hizo la conexión entre su gozo y el nuestro. Dijo: «Estas cosas os he hablado, para que mi gozo esté en vosotros, y que vuestro gozo sea completo» (Juan 15:11). Sabía cuál sería su gozo, y dijo: «Mi gozo estará en vosotros». Nosotros que hemos confiado en Él nos regocijaremos del gozo de Jesús tanto como le es posible experimentarlo a las criaturas finitas.

Pero el camino será duro. Jesús nos advirtió: «En el mundo tendréis aflicción» (Juan 16:33). «El discípulo no es más que su maestro… Si al padre de familia llamaron Beelzebú, ¿cuánto más a los de su casa?» (Mateo 10:24-25). «Y matarán a algunos de vosotros; y seréis aborrecidos de todos por causa de mi nombre» (Lucas 21:16-17). Ese es el camino que recorrió Jesús, y ese es el camino hacia el gozo, su gozo triunfante en nosotros, y nuestro gozo pleno.

Del mismo modo que la esperanza de gozo capacitó a Cristo para soportar la cruz, nuestra esperanza de gozo nos capacita para sufrir con Él. Jesús nos preparó para esto mismo cuando dijo: «Bienaventurados sois cuando por mi causa os vituperen y os persigan, y digan toda clase de mal contra vosotros, mintiendo. Gozaos y alegraos, porque vuestro galardón es grande en los cielos» (Mateo 5:11-12). Nuestro premio será gozar a Dios con el verdadero gozo que el Hijo de Dios tiene en su Padre.

Si Jesús no hubiese muerto voluntariamente, ni Él ni nosotros podríamos alegrarnos jamás. Si hubiera sido desobediente, nosotros habríamos perecido en nuestros pecados. Su gozo y el nuestro fueron adquiridos en la cruz. Ahora lo seguimos en el camino del amor. Nosotros consideramos «que los sufrimientos de este tiempo presente no pueden compararse con la gloria venidera que en nosotros ha de manifestarse» (Romanos 8:18). Ahora soportamos reproches con Él. Pero entonces habrá un gozo sin merma. Todo riesgo que requiera el amor lo soportaremos. No con heroico poder, sino en la fortaleza de la esperanza de que «por la noche durará el lloro, y a la mañana vendrá la alegría» (Salmo 30:5).

PARA QUE SEAMOS CORONADOS CON GLORIA Y HONOR

Pero … a Jesús, coronado de gloria y de honra,
a causa del padecimiento de la muerte.

Hebreos 2:9

Estando en la condición de hombre, se humilló a sí mismo,
haciéndose obediente hasta la muerte, y muerte de cruz.
Por lo cual Dios también le exaltó hasta lo sumo,
y le dio un nombre que es sobre todo nombre,

Filipenses 2:8-9

El Cordero que fue inmolado es digno de tomar el poder, las riquezas,
la sabiduría, la fortaleza, la honra, la gloria y la alabanza.

Apocalipsis 5:12

La noche antes de su muerte, sabiendo lo que venía, Jesús oró: «Padre, glorifícame tú al lado tuyo, con aquella gloria que tuve contigo antes que el mundo fuese» (Juan 17:5). Y así ocurrió: Fue «coronado de gloria y de honra, a causa del padecimiento de la muerte» (Hebreos 2:9). Su gloria fue el premio de su padecimiento. Fue «obediente hasta la muerte…*por lo cual* Dios también lo exaltó hasta lo sumo» (Filipenses 2:8-9). Precisamente porque fue inmolado, el Cordero es «digno … de recibir la honra, la gloria y la alabanza» (Apocalipsis 5:12). La pasión de Jesucristo no simplemente precede a la corona: fue el precio, y la corona fue el premio. Murió para obtenerlo.

Muchas personas tropiezan con este punto. Dicen: «¿Cómo puede esto ser amor? ¿Cómo puede Jesús estar motivado para darnos gozo si lo que quiere es obtener su gloria? ¿Desde cuándo es la vanidad una virtud?» Esa es una buena pregunta, y tiene una maravillosa respuesta bíblica.

La respuesta descansa en aprender lo que es un gran amor. Muchos de nosotros hemos crecido pensando que ser amado significa que nos den mucha importancia. Nuestro mundo entero parece estar construido sobre esta suposición. Si yo te amo, te doy mucha importancia. Yo te ayudo a sentirte bien acerca de ti mismo. Es como si un vistazo del yo fuese el secreto del gozo.

Pero sabemos que hay algo mejor. Aún antes de llegar a la Biblia, sabemos que no es así. Nuestros momentos de mayor felicidad no han sido momentos de saturación de uno mismo, sino momentos de olvidarse de uno mismo. Ha habido tiempos cuando nos parábamos junto al Gran Cañón, o a los pies del Monte Kilimanjaro, o contemplábamos una asombrosa puesta de sol en el Sahara, y por un fugaz momento sentíamos el gozo de una verdadera maravilla. Para esto hemos sido creados. El Paraíso no será una sala de espejos. Será una exposición de majestad. Y no será de nosotros.

Si esto es cierto, y si Cristo es la realidad más majestuosa del universo, ¿qué debe ser su amor por nosotros? Seguramente no darnos mucha importancia. Eso no satisfaría nuestras almas. Fuimos creados para algo mucho mayor. Si vamos a estar tan felices como podamos, debemos ver y percibir la más gloriosa persona de todas, Jesucristo mismo. Esto significa que para amarnos, Jesús debe buscar la plenitud de su gloria y ofrecérnosla para nuestro regocijo. Es por eso que Él oró, la noche antes de su muerte: «Padre, aquellos que me has dado, quiero que donde yo estoy, también ellos estén conmigo, para que vean mi gloria» (Juan 17:24). Eso era amor. «Yo les mostraré mi gloria». Cuando Jesús murió para reconquistar la plenitud de su gloria, murió por nuestro gozo. Amor es la tarea —a cualquier costo— de ayudar a las personas a estar cautivadas con lo que las satisfará más, es decir, Jesucristo. Así es como Jesús ama.

PARA MOSTRARNOS QUE EL PEOR MAL DIOS LO ENCAMINA A BIEN

Porque verdaderamente se unieron en esta ciudad contra tu santo Hijo Jesús,
a quien ungiste, Herodes y Poncio Pilato, con los gentiles y el pueblo de Israel,
para hacer cuanto tu mano y tu consejo habían antes
determinado que sucediera.

HECHOS 4:27-28

Lo más profundo que podamos decir sobre el sufrimiento y el mal es que, en Jesucristo, Dios tomó el mal y lo convirtió en bien. El origen del mal está rodeado de misterio. La Biblia no nos lleva tan lejos como quisiéramos ir. Más bien nos dice que las cosas secretas pertenecen a Dios (Deuteronomio 29:29).

Lo más importante en la Biblia no es la explicación de dónde proviene el mal, sino una demostración de cómo Dios entra en él y lo convierte en todo lo contrario: justicia y gozo permanente. Había señales en las Escrituras a lo largo del camino de que esto sería así en cuanto al Mesías. A José, el hijo de Jacob, lo vendieron como esclavo en Egipto. Por diecisiete años Dios pareció abandonarlo. Pero Dios estaba en esto y lo hizo gobernador de Egipto, de modo que durante una gran hambruna pudo salvar a los mismos que lo vendieron. La historia se resume en una palabra de José a sus hermanos: «Vosotros pensasteis mal contra mí, mas Dios lo encaminó a bien» (Génesis 50:20). Fue una prefiguración de Jesucristo, que se vio abandonado a fin de salvar.

O considérese el antepasado de Cristo. Dios había sido el único rey en Israel. Pero el pueblo se rebeló y pidió un rey humano: «No, sino que habrá rey sobre nosotros» (1 Samuel 8:19). Más tarde confesaron: «A todos nuestros pecados hemos añadido este mal de pedir rey para nosotros» (1 Samuel 12:19). Pero Dios estaba en eso. Del linaje de aquellos reyes Dios trajo a Jesús al mundo. El inmaculado Salvador tuvo su origen terrenal en el pecado cuando vino a salvar a los pecadores.

Pero lo más asombroso es que el mal y el sufrimiento fueron el camino señalado a Cristo para vencer sobre el mal y el sufrimiento. Cada acto de traición y brutalidad contra Jesús fue pecaminoso y malo. Pero Dios estaba en eso. La Biblia dice: «[Jesús fue] entregado [a muerte] por el determinado consejo y anticipado conocimiento de Dios» (Hechos 2:23). El latigazo en sus espaldas, las espinas en su cabeza, la escupida en su mejilla, los arañazos en su cara, los clavos en sus manos, el lanzazo en su costado, la burla de los gobernantes, la traición de su amigo, la deserción de sus discípulos: todo fue el resultado del pecado, y todo lo concibió Dios para destruir el poder del pecado. «Se unieron en esta ciudad contra tu santo Hijo Jesús, a quien ungiste, Herodes y Poncio Pilato, con los gentiles y el pueblo de Israel, para hacer cuanto tu mano y tu consejo habían antes determinado que sucediera» (Hechos 4:27-28).

No hay mayor pecado que odiar y matar al Hijo de Dios. No había mayor sufrimiento ni mayor inocencia que el sufrimiento y la inocencia de Cristo. Sin embargo, Dios estaba en todo eso. «Jehová quiso quebrantarlo» (Isaías 53:10). Su objetivo, a través del mal y el sufrimiento, fue destruir el mal y el sufrimiento: «Por su llaga fuimos nosotros curados» (Isaías 53:5). ¿No es cierto entonces que la pasión de Jesucristo Dios la encaminó a mostrar al mundo que no hay pecado ni mal tan grande que Dios, en Cristo, no pueda convertirlos en justicia y gozo eternos? El mismo sufrimiento que nosotros causamos se convirtió en la esperanza de nuestra salvación. «Padre, perdónalos, porque no saben lo que hacen» (Lucas 23:34).

Una Oración

Padre celestial, en el nombre de Jesucristo, te pido por cada lector que confirmes lo que es verdad en este libro, y canceles lo que pueda ser falso. Oro que nadie pueda tropezar en cuanto a Cristo ni ofenderse por su deidad, su sufrimiento sin paralelo o el propósito de su pasión. Para muchos, estas cosas son nuevas. Puedan ellos tener paciencia para considerarlas cuidadosamente. Y quieras tú conceder entendimiento y discernimiento.

Oro que la niebla de la indiferencia hacia las cosas eternas se despeje, y la realidad del cielo y el infierno llegue a hacerse clara. Oro que la centralidad de Cristo en la historia llegue a hacerse explícita, y que su pasión pueda verse como el evento más importante jamás ocurrido. Concédenos caminar a lo largo del risco de la eternidad, donde el viento sopla transparente con la verdad.

Y oro que nuestra atención no se desvíe de la supremacía de tu propio divino propósito en la pasión de Cristo. No permitas que seamos consumidos por la pregunta marginal de qué personas mataron a tu Hijo. Todos nosotros participamos en su muerte, a causa de nuestro pecado. Pero esa no es la cuestión más importante. Tu propósito y tu acción son las cuestiones principales. Oh Señor, abre nuestros ojos para ver que fuiste tú mismo, y no el hombre, quien planeó la pasión de Jesucristo. Y desde esta asombrosa posición, permítenos mirar sobre el panorama infinito de tus propósitos misericordiosos y llenos de esperanza en la pasión de Cristo.

Qué maravillosa verdad tú has revelado: «Cristo Jesús vino al mundo a salvar a los pecadores» (1 Timoteo 1:15). Esto lo hizo no principalmente mediante su enseñanza, sino por su muerte. «Cristo murió por nuestros pecados, conforme a las Escrituras» (1 Corintios 15:3).

¿Hay algún mensaje más maravilloso para personas como nosotros, que sabemos que no podemos satisfacer las demandas de nuestra propia conciencia, y mucho menos las demandas de que seamos santos?

Quieras tú, entonces, misericordioso Padre, concedernos que todos los que lean este libro vean su necesidad, y vean tu perfecta provisión en Cristo, y crean. Hago esta oración debido a la promesa de tu Hijo: «Porque de tal manera amó Dios al mundo, que ha dado a su Hijo unigénito, para que todo aquél que en él cree, no se pierda, mas tenga vida eterna» (Juan 3:16). En el misericordioso nombre de Jesús oro. Amén.

NOTAS

1. Elie Wiesel, *Night*, Bantam Books, Nueva York, 1982, orig. 1960, p.72
2. Ibíd., p. 73
3. Ibíd., p. 32

Desiring God Ministries existe para ayudarle a decir de corazón que para usted «el vivir es Cristo y el morir ganancia» (Filipenses 1:21). Nada puede hacernos más felices que usted termine de leer este libro y diga: «Lejos esté de mí gloriarme sino en la cruz de nuestro Señor Jesucristo, por quien el mundo me es crucificado a mí, y yo al mundo» (Gálatas 6:14).

Si Dios ha usado este libro para mostrarle su gloria y la hermosura de los sufrimientos y muerte de Jesucristo, quisiéramos saberlo. Y si podemos hacer algo para ayudarlo a conocerlo más, nos encantaría hacerlo.

Por más de veinte años John Piper ha estado predicando sermones en la Bethlehem Baptist Church. Todos los manuscritos aparecen gratis en nuestro sitio de la red: *www.desiringGOD.org*. Cada semana se añaden nuevos sermones en audio (MP3) que se pueden bajar gratis. Puede leer artículos sobre docenas de temas y ver las respuestas a preguntas formuladas frecuentemente. Puede ponerse al día sobre las próximas conferencias que auspiciamos. Hay también una tienda donde puede comprar libros, colecciones de audios y programas para niños. Por favor, no permita que el dinero sea una barrera. Tenemos una política: *pague lo que pueda*. La concebimos para individuos sin dinero en efectivo disponible. Déjenos saber si usted desea más información sobre esta política.

Existimos para ayudarle a hacer de Cristo su tesoro. No importa dónde está usted en su jornada, será para nosotros un placer servirle en todo lo que podamos.

DESIRING GOD MINISTRIES
2601 E. Franklin Ave.
Minneapolis, MN 55406-1103
Una llamada gratis en los EE.UU: 1-888-346-4700
Fax: (612) 338-4372
mail@desiringGOD.org
www.desiringGOD.org

DESIRING GOD MINISTRIES
Europa
Unit 2B Spencer House
14-22 Spencer Road
Londonderry
Northern Ireland
BT47 6AA
United Kingdom
Tel/Fax: 44 (0) 28 7134 2907
info@christisall.com
www.christisall.com/dgm

Para más material relativo a este libro, por favor visítenos:
www.passion-book.com